***ACCESO GRATIS** a la Lectura en la Nube*

Para visualizar el libro electrónico en la nube de lectura envíe junto a su nombre y apellidos una fotografía del código de barras situado en la contraportada del libro y otra del ticket de compra a la dirección:

ebooktirant@tirant.com

En un máximo de 72 horas laborables le enviaremos el código de acceso con sus instrucciones.

ASPECTOS LABORALES DE LA PROTECCIÓN DEL INFORMANTE EN LOS CANALES INTERNOS DE DENUNCIAS

Procedimiento de selección de originales, ver página web:
www.tirant.net/index.php/editorial/procedimiento-de-seleccion-de-originales

ASPECTOS LABORALES DE LA PROTECCIÓN DEL INFORMANTE EN LOS CANALES INTERNOS DE DENUNCIAS

JUAN ANTONIO ALTÉS TÁRREGA
Catedrático de Derecho del Trabajo y de la Seguridad Social
Universitat de València

tirant lo blanch
Valencia, 2024

En caso de erratas y actualizaciones, la Editorial Tirant lo Blanch publicará la pertinente corrección en la página web www.tirant.com.

La presente obra ha sido sometida a la revisión de pares ciegos según el protocolo de publicación de la editorial a efectos de ofrecer el rigor y calidad correspondiente tanto en su contenido como en su forma, aplicándose los criterios específicos aprobados por la Comisión Nacional E 016 (BOE num. 286, de 26 de noviembre de 2016).

© TIRANT LO BLANCH
EDITA: TIRANT LO BLANCH
C/ Artes Gráficas, 14 - 46010 - Valencia
TELFS.: 96/361 00 48 - 50
FAX: 96/369 41 51
Email:tlb@tirant.com
www.tirant.com
Librería virtual: www.tirant.es
DEPÓSITO LEGAL: V-1538-2024
ISBN: 978-84-1056-326-1
MAQUETA: Tink Factoría de Color

Si tiene alguna queja o sugerencia, envíenos un mail a: *atencioncliente@tirant.com*. En caso de no ser atendida su sugerencia, por favor, lea en *www.tirant.net/index.php/empresa/politicas-de-empresa* nuestro procedimiento de quejas.

Responsabilidad Social Corporativa: http://www.tirant.net/Docs/RSCTirant.pdf

Índice

1. Introducción

El *whistleblowing*, como denuncia de los ilícitos cometidos por organizaciones públicas o privadas se articuló, en principio, como un método de defensa espontaneo de los ciudadanos frente al poder de las grandes corporaciones y organizaciones, pero pronto se canalizó por los estados que vieron en este instrumento una valiosa herramienta de control (García-Moreno García de la Galana, 2018, p. 26) que permitía sacar a la luz e investigar estas conductas frente a la inoperancia de las medidas tradicionales (Armenta Deu, 2021, p. 178 y ss.; Caro Catalán, 2021, p. 2157).

Efectivamente, esta fórmula permite destapar incumplimientos que, muchas veces, serían muy difíciles de descubrir de otro modo, por lo que constituye un instrumento muy eficaz en la lucha contra ciertos incumplimientos y delitos, especialmente los relacionados con el mercado financiero y la corrupción (los muchas veces denominados delitos de cuello blanco). La existencia de un modo de delinquir, en la que el responsable tiene un acceso directo y discreto al ilícito y que, incluso, por medio del rol que cumple en la organización, puede impedir su conocimiento externo, dificulta enormemente que los Estados puedan descubrir, investigar y sancionar estas conductas, lo que ha llevado a implicar a las organizaciones en la lucha contra la criminalidad (Ayala González, 2020, p. 274). Los informantes, además de ayudar a descubrir estas conductas, cumplen un rol social pues permiten que se satisfaga en el interés público de prevenir y sancionar las infracciones; y, por ello, los estados han actuado para facilitar su actuación, dotándoles de ciertas garantías y medidas protectoras, pues, sin ellas, el miedo a las posibles represalias por parte de las organizaciones afectadas e, incluso, al reproche social puede condicionar su voluntad de destapar estas infracciones.

Es obvio que no estamos ante nada nuevo. La delación por parte de los trabajadores de los ilícitos y malas prácticas de la empresa para la que desarrolla servicios es una práctica que se ha dado de forma constante a lo largo del tiempo. Como señala García Moreno García de la Galana, se pueden rastrear a estos denunciantes e informadores hasta en la legislación de la antigua Roma (2018, p. 35), aunque, en su concepción moderna, hay que mirar no tan atrás en el tiempo y geográficamente a los EE UU. En este sentido, suele situarse su origen en la *False Claims Act* de 1863, también conocida como Ley Lincoln, para combatir el fraude y la corrupción durante la Guerra de Secesión, que posibilitaba la denuncia de los ciudadanos a cambio de una recompensa, lo que convertía a los *whistleblowers* en auténticos cazarrecompensas (Bermejo, 2020, p. 2/23; García-Moreno García de la Galana, 2018, p. 37).

Sin embargo, ha sido en los últimos tiempos cuando ha surgido una corriente reguladora a nivel global de esta figura del alertador o denunciante con el fin de protegerlo. El inicio de esta nueva etapa podría situarse en la década de los 80 del siglo XX, con la aparición, también en los Estados Unidos, de la *Whistleblower Protection Act* de 1988. Esta norma fue considerada de forma muy positiva por la doctrina laboral de la época, al hilo del estudio y análisis de las decisiones de nuestro Tribunal Constitucional que, en esos mismos años, como se expone más adelante, trataron la figura del *whistleblower* laboral, tomando como referencia el conflicto surgido entre la empresa y el trabajador que denunciaba la comisión de un ilícito por parte de la misma, debieron resolver sobre la posible vulneración de derechos fundamentales del trabajador por la actuación de la empresa (Del Rey Guanter, 1994, p. 100 y ss.).

El siguiente hito en la conformación de esta figura, como comúnmente ponen de manifiesto los autores que han abordado el estudio de esta figura (Martínez Saldaña et al., 2019, p. 25), se sitúa en los albores del siglo XXI con los escándalos financieros protagonizados en 2001 por la compañía energética Enron y en 2002 por la firma de telecomunicaciones WorldCom. Ambas compañías colapsaron y acabaron en quiebra por los manejos contables de alto riesgo que llevaron a cabo internamente parte de sus propios ejecutivos, con la consiguiente pérdida de valor de las acciones en manos de los inversores y la desaparición de un ingente número de puestos de trabajo[3]. Estos casos provocaron, además, la disolución de la auditora Arthur Andersen, que, en connivencia con las compañías, no alertó de los problemas que atravesaban ni de las maniobras contables para ocultarlos. La consecuencia de estos escándalos fue la promulgación de nuevas leyes que permitieran evitarlos. La más conocida fue la *SavarnesOxley Act* del año 2000 (Pub. L. No. 107-204, 116 Stat. 745, 30 de julio de 2002) que instauró la obligación para las empresas públicas y financiadas estadounidenses de contar con un canal de denuncias de irregularidades y la protección de los empleados que desvelaran estos fraudes frente a posibles represalias.

Un tercer elemento para tener en cuenta vino constituido por el reconocimiento de la responsabilidad penal de las personas jurídicas, que vino acompañado de la posibilidad de que las organizaciones se exoneren de la misma mediante un adecuado control de sus actuaciones, "de tal manera que el reproche penal se cimienta en la ausencia de medidas efectivas internas dirigidas al control del riesgo" (Ayala González, 2020, p. 273). Ello, ha tenido dos consecuencias importantes ya anunciadas. Por un lado, la adopción del denominado *compliance*, con el objeto de evitar incumplimientos penales y evitar responsabilidades y, por otro lado, conectado al mismo, la adopción de normas de *whistleblowing*.

---

3 Las acciones de Enron, que cotizaban a 90$ a mediados del año 2000, pasaron a valer a finales de noviembre de 2001 menos de un dólar, lo que provocó la pérdida de unos 11.000 millones de dólares. Por otro lado, la empresa ocupaba en el momento de declararse en bancarrota a cerca de 21.000 trabajadores. Por su parte, Worldcom, empleaba a 20.000 trabajadores cuando se declaró en quiebra, provocando pérdidas a sus accionistas aún mayores, lo que llevo a superar a Enron como la mayor bancarrota corporativa en la historia de Estados Unidos.

Esta corriente reguladora se trasladó también a la UE, que, acuciada por los escándalos de grandes corporaciones europeas (*Cambridge Analytica* en 2010, *Luxleaks* en 2014 *Dieselgate* en 2015...), puso en marcha la creación de un marco jurídico que, ante la heterogénea y muchas veces inexistente normativa interna de los países miembros, determinara los procedimientos para denunciar la corrupción y actuación delictiva de las organizaciones y los estándares mínimos de protección de quienes con su actuación ponen de manifiesto estas actuaciones.

El resultado de esta intervención legislativa de la UE fructificó en la Directiva UE 2019/1937 del Parlamento Europeo y del Consejo, de 23 de octubre de 2019, relativa a la protección de las personas que informen sobre infracciones del Derecho de la Unión. La Directiva establece un plazo de transposición hasta el 17 de diciembre de 2021, si bien, en relación con los canales internos de denuncias en las entidades jurídicas del sector privado que tengan de 50 a 249 trabajadores, el plazo de trasposición se prolonga hasta el 17 de diciembre de 2023.

El ejecutivo español puso en marcha el cumplimiento de la Directiva en el año 2022 con un Anteproyecto de Ley aprobado el 4 de marzo de 2022 que finalmente ha cristalizado en la Ley 2/2023, de 20 de febrero, reguladora de la protección de las personas que informen sobre infracciones normativas y de lucha contra la corrupción (en adelante LRPI).

En este estudio, tras llevar a cabo una delimitación conceptual del *whistleblowing* y un repaso de los antecedentes judiciales y normativos en nuestro país, se van a abordar los aspectos laborales del marco jurídico que configuran la Directiva UE 2019/1937 y la LRPI.

El planteamiento de un análisis desde el punto de vista del derecho laboral conduce ineludiblemente a fijarnos especialmente en la protección que se dispensa a los trabajadores que alertan de las irregularidades. Debe tenerse en cuenta, por un lado, que, con su actuación, el *whistleblower* está ejerciendo derechos constitucionales, como el derecho a la libre expresión y, más específicamente, el derecho a la libertad de información y que las potenciales represalias además de vulnerar estos derechos pueden poner en jaque la garantía de indemnidad y, por ende, el derecho a la tutela judicial efectiva de los trabajadores por sus reclamaciones ante la empresa.

Además, por otro lado, desde un punto de vista utilitarista, la adecuada protección del *whistleblower* es necesaria para el buen funcionamiento de esta fórmula para sacar a la luz irregularidades y delitos. Sin esta garantía difícilmente pueden darse denuncias, pues los posibles delatores no actuarán por miedo a las consecuencias de sus actos[4]. A modo de ejemplo, sobre la importancia de la protección de los denunciantes y de su actuación, baste señalar que los escándalos más sonados de corrupción política en España: el caso de los ERE de Andalucía, el caso Palau de la Música y el Caso Gürtel fueron destapados por trabajadores implicados en las empresas de las tramas de corrupción.

---

4 Según datos del Eurobarómetro espacial sobre la corrupción el 81% de los encuestados no denunciarían casos a los que tuvieran acceso por miedo a las represalias (Martínez Saldaña et al., 2019, p. 29).

2. *Whistleblowing* y *whistleblower*

En este apartado pretendo describir las distintas categorías de *whistleblowing* que la doctrina ha establecido en relación con el sujeto receptor de la denuncia. En realidad, el término incluye una tipología muy variada de procedimientos que pueden ser internos o externos, afectar a organizaciones públicas, privadas o a ambas o diferenciarse en función de los sujetos que llevan a cabo la denuncia o por otras particularidades, aunque la doctrina no siempre considera a algunos de ellos como auténticos procedimientos de *whistleblowing*. No obstante, estas cuestiones, si procede, se tratarán al hilo del análisis de la norma española.

En cualquier caso, antes de pasar a describir estas categorías, voy a referirme al propio concepto de *whistleblowing/whistleblower* y a su evolución.

2.1. UN APUNTE CONCEPTUAL DEL *WHISTLEBLOWER* Y DEL *WHISTLEBLOWING*

Por un lado, la expresión *whistleblower* hace referencia a los "responsables éticos" y enraíza con la tradición anglosajona de dotar a ciertos trabajadores de la prerrogativa de paralizar una actividad si se vislumbraba la posibilidad de un peligro. Así, en su sentido moderno, se atribuye el término a Ralph Nader que, a principios de los años setenta del siglo XX, lo habría acuñado para evitar términos más despectivos como *snitch* o *sneak*, en relación con la defensa de los ciudadanos frente a los lobbies, como el acto de una persona que sitúa el interés público sobre el de la organización a la que sirve: "el acto de un hombre o mujer quien, creyendo en el interés público, anula el interés de la organización a la que sirve, denunciando públicamente [*publicy [blowing] the whistle*] si la organización está implicada en una actividad corrupta, ilegal, fraudulenta o perjudicial" (Nader et al., 1972, citado por Perinaud, 2015; García-Moreno García de la Galana, 2018, p. 70). La delación de estas conductas tiene por tanto un elevado interés social.

Por otro lado, el origen de la expresión se atribuye a la cualidad propia de los policías de usar el silbato como medio de alertar de la comisión de un delito (Bermejo, 2020, p. 3/23; Martínez Saldaña et al., 2019, p. 27) o con la de los árbitros en juegos y competiciones que detienen el juego cuando se contravienen las normas de este. Sin embargo, estas definiciones conectan al *whistleblower*, con el término chivato cuyo uso, especialmente en la Europa mediterránea, tiene una cualidad muy negativa, en tanto que se entiende que este sujeto, con su actuación, busca más la salvación propia que el poner de relieve la comisión de un cumplimiento. La propia justicia ha mantenido durante mucho tiempo una visión negativa del chivato o delator, por su actuación poco transparente y con tendencia a violar derechos fundamentales (Criado Enguix, 2022, p. 397). Un buen ejemplo de esta negativa connotación, puede encontrarse en la STSJ Madrid, Social, de 15 de febrero de 2019, Rec. 824/2018, pues, pese a tratarse de una sentencia encomiable en relación a la necesaria protección de los trabajadores que denuncien irregularidades presenta su argumentación de la siguiente manera: "*el que se va de la lengua porque considera un deber, o simplemente cumple con el deber establecido de alertar y denunciar las acciones de sus compañeros de trabajo y/o superiores que representan una grave irregularidad o peligro sustancial y específico para la seguridad o la salud, se convierten con frecuencia en víctimas de represalias*".

Por ello, para evitar estas insinuaciones en la literatura española, como relata Benítez Palma (2018, p. 14 y 15), se ha optado por denominarlo topo o delator tomando como origen el del alertador altruista y responsable que busca el bien común. Finalmente, el término ha sido traducido al castellano como "informante" o "denunciante", siendo la primera acepción la que ha acogido el legislador para el desarrollo de la normativa española. No obstante, de alguna manera, en su acepción actual también puede considerarse una dignificación del "chivato", pues, dejando al margen su uso en la sociedad de la delincuencia, muchas injusticias y sus responsables han tenido carta blanca por el simple estigma que comportaba para el posible delator su actuación en pro de defensa de las víctimas.

Mayoritariamente, se entiende el *whistleblowing* como la "la revelación, realizada por miembros o antiguos miembros de una organización, de prácticas ilegales, inmorales o ilegítimas, a personas u organizaciones con capacidad para actuar" (Miceli & Near, 1985, p. 4). Marion Hersh impulsó una definición muy parecida en un significativo estudio sobre esta figura, en el que término hace referencia a la "revelación deliberada de información sobre actividades no triviales que se consideran peligrosas, ilegales, poco éticas, discriminatorias o ilícitas, generalmente por parte de miembros actuales o antiguos de la organización" (Hersh, 2002, p. 243).

En la doctrina española se han esgrimido definiciones similares. De esta manera, el término se aplica para definir a los "miembros (o antiguos miembros) de una determinada organización pública o privada que denuncian prácticas ilícitas (o poco éticas), llevadas a cabo por la propia organización o por sujetos que forman parte de ella, poniendo en conocimiento de tales hechos, según los casos, a sus superiores, a las autoridades o a terceras personas" (Bermejo, 2020, p. 3/23; Ragués i Vallés, 2013, pp. 20 y 21). Por su parte, Pérez Triviño, tomando como referencia la definición de Marion Hersh define el *whistleblowing* como "la revelación deliberada de información acerca de actividades no triviales que se creen peligrosas, ilegales, inmorales, discriminatorias o que de alguna otra manera incluyen una infracción en una organización, siendo tal revelación llevada a cabo por miembros actuales o pasados de la organización, que no tienen deberes de información o de vigilancia, y pudiendo ir dirigida a órganos de la propia organización o a terceras partes" (Pérez Triviño, 2018, p. 287).

Estas definiciones contemplan una visión bastante amplía del fenómeno del *whistleblowing* que engloba diversas variantes del mismo, pero que no las agota. Para Bermejo lo característico de esta definición es la existencia de una relación entre el sujeto denunciante y una empresa o Administración Pública; y que el hecho denunciado se haya realizado en la actividad de la organización a la que pertenece el sujeto, "concurriendo *prima facie* una cierta apariencia de responsabilidad por parte de la organización o de quienes la dirigen o integran" (2020, p. 3/23).

Así pues, conectando con lo que a continuación se relata, el *whistleblower* es la persona que en el seno de una organización denuncia un ilícito ocurrido en la misma a las autoridades competentes, a la opinión pública o a la propia organización a través de los procedimientos previstos para ello.

2.2. TIPOS DE *WHISTLEBLOWING* EN FUNCIÓN DEL DESTINATARIO DE LA DENUNCIA

También puede establecerse una clasificación del *whistleblowing* en función del destinatario de la denuncia, esto es de a quien se dirige la comunicación. En este caso se distingue entre: procedimientos externos, procedimientos internos y revelación pública.

2.2.1. Whistleblowing externo

El *whistleblowing* externo hace referencia a la denuncia de un individuo de irregularidades o conductas indebidas dentro de una organización a una entidad externa, en lugar de presentar la denuncia dentro de la propia organización. De esta manera, se produce una colaboración directa entre el Estado y el ciudadano que ejerce de informante, de manera que las competencias de investigación y sanción de los hechos denunciados recaen exclusivamente en el Estado (García-Moreno García de la Galana, 2018, p. 111).

Las denuncias externas pueden dirigirse a diferentes tipos de entidades: agencias gubernamentales encargadas de hacer cumplir la ley, reguladores financieros, comités de ética, organismos de control y organizaciones no gubernamentales especializadas en la investigación y lucha contra la corrupción. Estas organizaciones implementan canales seguros de denuncia para garantizar la confidencialidad de los informantes y suelen establecer una protección para evitar represalias sobre ellos.

Los motivos que pueden llevar a utilizar este mecanismo se deben a distintas razones. Normalmente se debe a la falta de confianza en los canales internos de denuncia, el temor a represalias o la creencia de que las autoridades externas tienen la capacidad de abordar el problema de manera más efectiva. A estos motivos pueden sumarte otros promocionados por los estados a modo de incentivo para lograr esta colaboración ciudadana, como la reducción de la sanción si el denunciante está implicado en los hechos y es el primero en darlos a conocer (*whistleblowing* competitivo) o recompensas económicas (*whistleblowing* remunerado) cuando no se dan estas circunstancias subjetivas (García-Moreno García de la Galana, 2018, p. 112).

El *whistleblowing* externo puede tener un impacto significativo en la revelación de conductas indebidas y la promoción de la rendición de cuentas. Puede ayudar a sacar a la luz casos de corrupción, fraude corporativo, abuso de poder y otros delitos. Sin embargo, también puede plantear desafíos, como la verificación de la información presentada, la protección de la identidad del denunciante y el manejo adecuado de las denuncias por parte de las entidades receptoras.

2.2.2. Whistleblowing interno

El *whistleblowing* interno puede definirse como el canal de comunicación de una organización que permite a los empleados, clientes o proveedores denunciar las infracciones que cometen dichas organizaciones (Puyol Montero, 2017, p. 9).

Este tipo de canales de denuncia internos pretenden fortalecer el autocontrol de las organizaciones y han proliferado especialmente a raíz de la atribución de responsabilidad penal a las personas jurídicas. La introducción de estos canales internos en las empresas se logra mediante presión, obligación legal en la mayoría de los casos, o de forma indirecta mediante otras formulaciones legales. En este sentido la atribución de la responsabilidad penal a las personas jurídicas se ha visto acompañada de atenuantes en los casos en que se prevén canales de denuncia internos que evidencian una actuación correcta de la corporación mediante incentivos para su incorporación. Es el caso del art. 31.1 bis CP español que posibilita la exoneración penal de la responsabilidad empresarial si, antes de la comisión el delito, la organización ha adoptado medidas de vigilancia y control idóneas para prevenirlos.

De esta manera, las corporaciones los usan como medios de defensa, con el fin de lograr información sobre cómo funciona la entidad y sobre el grado de cumplimiento de la normativa. Permiten una autoevaluación y adoptar medidas preventivas corregir aquellos aspectos de su actividad que darían lugar a la responsabilidad penal, al tiempo que se mejoran sus posibilidades de defensa si finalmente un proceso sancionador se incoara (García-Moreno García de la Galana, 2018, p. 34).

La doctrina también ha glosado las ventajas de estos procedimientos, más agiles que los procedimientos seguidos en las investigaciones públicas y con una efectividad basada en el deber de colaboración y de buena fe de los trabajadores y en el poder disciplinario del empresario. "De esta forma, a pesar de que los hechos irregulares no llegan necesariamente a conocimiento de las autoridades, ni se requiere de su actuación, se logra también el objetivo de prevenir y sancionar los incumplimientos de la ley" (García-Moreno García de la Galana, 2018, p. 32).

2.2.3. *La revelación pública*

La revelación pública en relación con el *whistleblowing* se refiere a la divulgación de información confidencial o ilegal directamente al público normalmente a través de los medios de comunicación. Con ello se busca generar en la sociedad conciencia y presión social sobre las irregularidades denunciadas —corrupción, fraude, abuso de poder, violaciones a los derechos humanos, prácticas empresariales deshonestas o cualquier otra forma de mala conducta—, así como fomentar un cambio en el comportamiento de la organización o individuos involucrados, pues mediante esta actuación se consigue un mayor apoyo y movilización en torno a la causa, presionando a las autoridades y a la organización involucrada para que se tomen medidas. La revelación pública puede ser un medio efectivo para fomentar cambios en las prácticas y políticas de una organización, así como para exigir responsabilidad a aquellos responsables de las conductas indebidas. Al exponer públicamente la información, se busca crear un sentido de urgencia y una demanda de acción por parte de las partes interesadas y el público en general.

La efectividad de este método de denuncia se ha visto ampliada por los avances en la tecnología. Tradicionalmente, los denunciantes acudían a periodistas o medios de comunicación para compartir la información confidencial y buscar su divulgación en noticias, periódicos, programas de televisión o radio. Hoy en día las plataformas de redes sociales, como *Twitter*, *Facebook*, *Instagram* o *YouTube*, ofrecen una forma muy sencilla y accesible de llegar a un público muy amplio. Los denunciantes pueden publicar contenido, videos o mensajes que expongan las irregularidades y se vuelvan virales, generando así una mayor visibilidad y atención.

Además, en la actualidad, existen plataformas y sitios web especializados en *whistleblowing* y divulgación de información confidencial, donde los denunciantes pueden publicar de forma segura y anónima la información relevante.

2.2.4. *La coexistencia de los modelos de whistleblowing*

Estos procedimientos pueden coexistir o no; en este sentido, existen diversidad de modelos y en ellos la protección del *whistleblower* se condiciona a la utilización de los canales dispuestos para dar a conocer las denuncias.

Además, existe una tendencia, que se ve como la más recomendable, a establecer una jerarquía entre ellos, priorizando los canales internos de denuncias sobre los externos (Bermejo, 2020, p. 10/23; Ragués i Vallés, 2014, p. 476 y ss.) y relegando la información pública a los supuestos en que, habiéndose utilizado los procedimientos de denuncia interna y externa no se han atendido las denuncias o a otros de naturaleza excepcional.

Ello significa que el denunciante no gozará de protección si acude directamente a la revelación pública, en lugar de al procedimiento interno. Esta forma de regular, restringiendo la protección a quienes han utilizado los canales internos se ha ido asentando en la conformación de sistemas de *whistleblowing* con la finalidad de desincentivar la revelación pública (Del Rey Guanter, 1994, p. 101; Martínez Saldaña et al., 2019, p. 36).

Ahora bien, esta fórmula de estratificación se contrapone a las limitaciones defendidas por parte la doctrina estadounidense que solamente incluyen entre los *whistleblowers*, en línea con la concepción del término ideada por Ralph Nader, a quienes con su denuncia realizan una exposición pública de los hechos y por tanto no admiten el *whistleblowing* interno (García-Moreno García de la Galana, 2018, p. 69). De hecho, en Estados Unidos se ha pasado de un sistema que fomentaba la necesidad de una denuncia interna (*Sarbanes-Oxley Act* de 2002) a otro con incentivos económicos a la denuncia directamente las autoridades (*Dodd-Frank Act* de 2010). Como se ha señalado, "la exigencia de denuncia interna previa tiene ciertamente sus ventajas: permite que la primera reacción ante el posible delito o irregularidad sea de la propia empresa y se incentiva que esta coopere con las autoridades mediante la correspondiente investigación interna, que puede ahorrar al erario público los costes de la investigación pública. Sin embargo, dicha opción también es criticada porque facilita actos de auto encubrimiento por parte de la persona jurídica y se la tacha, por tal motivo, de excesivamente proempresarial" (Ragués i Vallés, 2020, pp. 4/14 y 5/14).

En todo caso, esta forma de actuar por parte del legislador da una respuesta normativa a la necesidad de utilizar un medio adecuado para dar la información, que ya estaba presente en algunas resoluciones judiciales tanto de carácter supranacional como nacional.

Entre las resoluciones judiciales que han abordado esta cuestión hay que mencionar la STEDH, Gran Sala, de 12 de febrero de 2008, Asunto Guja v. Moldavia), en relación con el cese de un funcionario de la fiscalía general por haber divulgado dos documentos, que, según él, revelaban la injerencia de un alto cargo político en un procedimiento penal pendiente. Se denunciaba la violación de su derecho a la libertad de expresión, garantizado por el artículo 10 del Convenio Europeo de Derechos Humanos, en concreto de su derecho a comunicar informaciones. Pues bien, para resolver el conflicto el Tribunal determina que "*es importante que la persona en cuestión proceda a la divulgación, en primer lugar, ante su superior u otra autoridad o instancia competente. La divulgación al público no debe considerarse más que como último recurso, en caso de imposibilidad manifiesta de actuar de otro modo (ver, mutatis mutandis, Haseldine, decisión antedicha). Por tanto, para juzgar el carácter proporcionado o no de la restricción impuesta a la libertad de expresión del demandante en este caso concreto, el Tribunal debe examinar si el interesado disponía de otros medios efectivos para poner remedio a la situación que consideraba criticable*". Sobre esta base concluyó que en atención a las circunstancias concurrentes se había producido la lesión del derecho a la libertad de expresión del demandante. De la misma manera, la STEDH, Gran Sala, de 14 de febrero de 2023, Asunto Halet v. Luxemburgo, recuerda la necesidad de dar prioridad a los canales internos de denuncia, de manera que sólo cuando es claramente impracticable usar estos cabe acudir directamente a la revelación pública, como ocurre en el caso enjuiciado por el Tribunal, sobre el despido de un trabajador que dio a conocer documentos fiscales confidenciales en el marco del conocido como caso *Luxleaks*.

En el plano nacional deben señalarse algunas resoluciones de nuestro Tribunal Constitucional. En este sentido, en la STC 57/1999, de 12 de abril se consideró inconstitucional el despido de un inspector de la Dirección General de Aviación que puso en conocimiento de la prensa, tras un accidente aéreo, las malas condiciones en que se encontraban los aviones como el siniestrado y la ausencia de medidas para remediar esa situación por parte de empresa propietaria y de Aviación Civil, aunque ciertamente, en un voto particular se cuestionaba que se hubiera acudido directamente a la revelación publica, en lugar de a un conducto interno que permitiera desarrollar el derecho de información del trabajador conforme a las exigencias de la buena fe y con lealtad al empleador.

En línea con este voto particular la STC 246/2003, de 30 de junio, no amparó a un trabajador que denunció a los medios de información las irregularidades que se llevaban a cabo en la empresa de explosivos en la que trabajaba, sin esperar el resultado de sus quejas internas, cuando además, no era necesario "*que las informaciones difundidas alcanzasen la trascendencia y la notoriedad públicas que obtuvieron, ni dada la gravedad, debía considerarse medio adecuado para su conocimiento la publicación en medios de comunicación de difusión nacional y local*" afectando de esta manera notoriamente a los intereses de la empresa.

Sin embargo, la STSJ Cataluña, Social, de 31 de octubre de 2012, Rec. 4238/2012, que conoció del despido de un trabajador de una contrata pública de gestión del alumbrado que curso quejas ante el ayuntamiento adjudicador del servicio a través del portal de atención al ciudadano, al entender que se transgredió la buena fe contractual por no haber puesto en conocimiento de la empresa con anterioridad dichas quejas a través de los canales jerárquicos empresariales, resolvió que esta actuación era contraria al derecho de libertad de expresión y libertad de información.

Más recientemente, la STC 146/2019, de 25 de noviembre, consideró nulo el despido de un enfermero, por violación del derecho de libertad de expresión, que trabajaba en un centro de día gestionado por una contrata y que puso en conocimiento del Ayuntamiento adjudicatario una serie de irregularidades en el desempeño de su trabajo. Como consecuencia de esta actuación fue primero apercibido por entender la empresa que había vulnerado el deber de buena fe por dar a conocer estas irregularidades al Ayuntamiento en lugar de a su propia empresa y posteriormente despedido por disminución continuada del rendimiento. Para el Tribunal Constitucional el trabajador actuó dentro de los límites del ejercicio legítimo de la libertad de expresión y no hubo transgresión del deber de buena fe. "*Así lo evidencia, en efecto, el que el trabajador formulase sus quejas, en primer lugar y ante todo, frente a su propia empleadora (fundamento jurídico 3 de la sentencia de instancia), y que, solo una vez desatendidas sus reivindicaciones las formulase, en segundo lugar, ante el propio ayuntamiento, que como titular del centro de trabajo y contratante de los servicios de la empresa Clece, podía hacer que sus peticiones fueran atendidas; de este modo hay que concluir que la reclamación del trabajador había sido formulada ante quien debía dirigirse; (iii) el contrato de la empresa empleadora con el ayuntamiento tenía como objeto la prestación de unos servicios de tipo social, lo que implica que deban tenerse en cuenta estas circunstancias en las que se ha producido la crítica del trabajador ahora demandante de amparo*".

Como se verá en el apartado correspondiente, tanto la Directiva, como la norma española mantienen una posición equidistante en relación con esta cuestión, señalando la preferencia de los mecanismos de denuncia interna, pero dejando a juicio del denunciante actuar de una manera u otra, lo que crea inseguridad jurídica y posibilita que se siga valorando la actuación del sujeto para determinar si merece protección.

3. *Formación del marco normativo*

Uno de los mayores problemas a los que se enfrentan las políticas de *whistleblowing* es la inseguridad jurídica que rodea en muchas ocasiones la figura del informante. La existencia un marco normativo, heterogéneo, sectorial, con múltiples normas de distinto tipo tanto a nivel nacional como internacional provoca un alto grado de inseguridad jurídica, que tiende a "neutralizar la acción del *whistleblower*", convirtiéndose en un hándicap para esta forma de colaboración jurídico-privada (García-Moreno García de la Galana, 2018, p. 45).

Evidentemente, todo este entramado normativo ha tenido una clara influencia en la regulación de la Unión Europea expresada en la Directiva y, por ende, en la regulación española. Sin embargo, no puede este trabajo fijarse en un análisis de derecho comparado, en el que, por su influencia, el estudio de la normativa estadounidense y su trasvase a otros países sería primordial, pero que también debería fijarse en otros países pioneros en la regulación de la protección de los *whistleblowers* como Irlanda, Islandia o Japón. Me remito en este caso a los múltiples estudios sobre esta cuestión.

Tampoco procede hacer un examen detallado de la regulación de *hard law* y *soft law* del *whistleblowing* establecida en distintas organizaciones y entidades internacionales a fin de crear canales de denuncia externos con aplicación, en casi todos los casos, al sector público y privado, pero sí, al menos, hacer una pequeña referencia a disposiciones normativas y normas o guías técnicas que componen este marco supranacional de referencia.

Entre esta normativa, habría que destacar la Convención Penal sobre la corrupción de 27 de enero de 1999

(Convenio 173) y la Convención civil sobre la corrupción, de 4 de noviembre de 1999 (Convenio 174) del Consejo de Europa, ambos ratificados por España y ambos con previsiones específicas para que los estados parte protejan en el ámbito de cada uno de ellos a las personas que denuncien de buena fe sus sospechas a las autoridades responsables.

Igualmente, hay que mencionar la Convención de las Naciones Unidas contra la Corrupción, aprobada por la Resolución 58/4 de la Asamblea General, de 31 de octubre de 2003, ratificada por España en 2006. El Tratado en su artículo 8.4 promueve que los Estados Parte, "*de conformidad con los principios fundamentales de su derecho interno, la posibilidad de establecer medidas y sistemas para facilitar que los funcionarios públicos denuncien todo acto de corrupción a las autoridades competentes cuando tengan conocimiento de ellos en el ejercicio de sus funciones*" (art. 8.4). Por tanto, la norma recomienda a los estados parte crear canales de denuncia en el sector público, pero no obliga a ello. Además, en el art. 12, en relación con el sector privado, no se establece una medida similar, aunque sí se establece que los estados parte deberán velar por que las empresas privadas dispongan de "*suficientes controles contables internos para ayudar a prevenir y detectar los actos de corrupción, y por qué las cuentas y los estados financieros requeridos de esas empresas privadas estén sujetos a procedimientos apropiados de auditoría y certificación*". En cambio, en el aparado segundo del artículo 13, dedicado a la "participación de la sociedad", se prevé que se facilite el acceso a los órganos de lucha contra la corrupción "*para la denuncia, incluso anónima, de cualesquiera incidentes que puedan considerarse constitutivos de un delito tipificado con arreglo a la presente Convención*". Además, de acuerdo con el art. 33, los Estados deben considerar "*la posibilidad de incorporar en su ordenamiento jurídico interno medidas apropiadas para proporcionar protección contra todo trato injustificado a las personas que denuncien ante las autoridades competentes, de buena fe y con motivos razonables cualesquiera hechos relacionados con delitos tipificados con arreglo a la presente Convención*". Como puede observarse el Tratado vuelve a recomendar y no obliga a la adopción de un sistema de protección del denunciante, lo que, como se ha señalado (García-Moreno García de la Galana, 2018, p. 47), implica una protección más débil que la que proporciona a testigos, peritos y víctimas, respecto que los cuales establece que "*cada Estado Parte adoptará medidas apropiadas (...) para proteger de manera eficaz contra eventuales actos de represalia o intimidación a los testigos y peritos (...) así como, cuando proceda, a sus familiares y demás personas cercanas*".

Entre los instrumentos de *soft law* se pueden mencionar las recomendaciones de la Organización para la Cooperación y el Desarrollo Económico (OCDE), las cuales suelen incluir la promoción de canales de denuncias con el fin de prevenir y descubrir delitos tanto en el sector público, como en el privado. Así cabe mencionar la Recomendación OCDE para la mejora del comportamiento ético en el servicio público de 1998, luego reemplazada por la Recomendación OCDE sobre Integridad Pública de 2017; la Recomendación OCDE para la gestión de los conflictos de intereses en la administración pública de 2003 y la Recomendación OCDE para fortalecer la lucha contra el cohecho de servidores públicos extranjeros en transacciones comerciales internacionales de 2009.

En relación con el *whistleblowing* interno y su implantación en las empresas, hay que mencionar determinados estándares internacionales creados para las empresas. La Organización Internacional de Normalización, conocida como ISO por sus siglas en inglés, ha elaborado dos guías en materia de responsabilidad penal de las empresas jurídicas y el *compliance* empresarial para evitarla. Se trata de la ISO 37001:2016-Sistemas de gestión antisoborno con el objeto de demostrar la integridad de la organización y mitigar su exposición a los riesgos de soborno; y la ISO 19600:2014, que ofrece pautas para la implementación, mantenimiento y evaluación eficaz de un Sistema de Gestión de *Compliance* en las organizaciones con el objetivo de mitigar los riegos de incumplimientos de la normativa. En ambos casos se potencia la creación de canales de comunicación internos protegiendo adecuadamente a los informantes. Estas Guías han coadyuvado a la creación de un sistema homogéneo de *compliance* empresarial que ha llevado a que muchas empresas ya cumplan en buena medida la normativa sobre protección del informante en relación especialmente a los delitos de corrupción pública. También hay que mencionar en este contexto la Norma UNE 19602 Sistemas de gestión de compliance tributario. Requisitos con orientación para su uso de la Asociación Española de Normalización (UNE, acrónimo de Una Norma Española).

En realidad, puede observarse como desde el punto de vista internacional la protección del informante se ha focalizado especialmente en la lucha contra la corrupción pública por lo que sobre todo en relación con la normativa de *hard law*, la protección se dirige a los denunciantes de quienes tienen conocimiento de estos hechos ilícitos más allá de su relación funcional con una organización pública o privada (Bermejo, 2020, p. 6/23).

Finalmente, desde el punto de vista supranacional, quiero mencionar cierta normativa previa a la Directiva 2019/1937 que incluía en relación con su ámbito de aplicación sectorial medidas de este tipo. Son ejemplos de esta tipo la Directiva 2013/30/UE, sobre la seguridad de las operaciones relativas al petróleo y al gas mar adentro; Directiva 2013/36/UE, relativa al acceso a la actividad de las entidades de crédito y a la supervisión prudencial de las entidades de crédito y las empresas de inversión; el Reglamento (UE) 376/2014, relativo a la notificación de sucesos en la aviación civil; el Reglamento (UE) 2014/596, sobre abuso de mercado y la Directiva de Ejecución (UE) 2015/2392, relativa al Reglamento (UE) 2014/596 del Parlamento Europeo y del Consejo en lo que respecta a la comunicación de posibles infracciones o infracciones reales de dicho Reglamento a las autoridades competentes; la Directiva (UE) 2015/849, relativa a la prevención de la utilización del sistema financiero para el blanqueo de capitales o la financiación del terrorismo; y la Directiva (UE) 2018/822, que modifica la Directiva 2011/16/UE por lo que se refiere al intercambio automático y obligatorio de información en el ámbito de la fiscalidad en relación con los mecanismos transfronterizos sujetos a comunicación de información.

3.1. LA PROTECCIÓN DEL *WHISTLEBLOWING* EN LA JURISPRUDENCIA CONSTITUCIONAL Y ORDINARIA

3.1.1. La Libertad de información de los trabajadores

A la hora de fechar la aparición de la problemática jurídica de los *whistleblowers* laborales en España suele mencionarse el caso de un redactor de la Oficina de Prensa del Ministerio de Justicia que fue despedido por dar a conocer a la opinión pública las filtraciones que desde el gabinete de prensa se hacían a la Editorial Prisa. Este despido se declaró improcedente y no nulo en la Magistratura de Trabajo, pero la STS, Social, de 22 de septiembre de 1986 revocó esta decisión al entender que la revelación pública llevada a cabo por el trabajador implicaba una transgresión de la buena fe por haber faltado a la lealtad debida con su empleador, por lo que declaró el despido procedente con base en el art. 54.2.d ET. Presentado recurso de amparo, el Tribunal Constitucional debía decidir si se habían vulnerado el derecho de libertad de expresión y el de información recogidos en el art. 20.1.a y 20.1.d CE respectivamente. El derecho a la libertad de información ha sido definido por el propio Tribunal como el derecho a "*comunicar y recibir libremente información sobre hecho, o tal vez más restringidamente sobre hechos que se consideren noticiables*" (también STC 107/1988, de 8 de junio) y constituye, como se ha dicho (Aparicio Aldana, 2020, pp. 39 y 40), un bien jurídico tanto para quien informa como para los receptores de la información (también STC 105/1983, de 23 de noviembre), En cambio, "*en el art. 20 de la Constitución la libertad de expresión tiene por objeto pensamientos, ideas y opiniones, concepto amplio dentro del que deben incluirse también las creencias y los juicios de valor*"

Así, sobre esta base, la sentencia concluye que el derecho controvertido en este caso es el derecho a la libertad de información. Además, se sienta doctrina sobre los requisitos que debe cumplir el ejercicio legítimo del derecho de información, esto es, veracidad, adecuación del medio utilizado y relevancia pública. Partiendo de ello, se establece, por un lado, que los hechos objeto de información, aunque contengan alguna crítica, resultan veraces y trascendentes y se comunicaron por el medio adecuado; y, por otro lado, se atiende al hecho de la existencia de una relación laboral como posible condicionante del derecho. En este último sentido, lo que se pone en juego es si el ejercicio legítimo del derecho a la libertad de información queda limitado por el juego de la buena fe contractual.

Pues bien, se ha entendido que la libertad de información no atiende a los datos que corresponden a la actividad y al tráfico ordinario de la empresa, lo que se equipara con el establecimiento de "un deber de secreto genérico para el trabajador respecto de la información relacionada con el funcionamiento de la empresa" (Guamán Hernández, 2006, p. 89), pero sí comprende las informaciones referidas a comportamientos irregulares. Al respecto, el Tribunal Constitucional, en su sentencia 6/1988, de 21 de enero, afirma que el derecho de buena fe "*no se puede interpretar en términos tales que vengan a resultar amparadas por esta exigencia de honestidad y de lealtad en el cumplimiento de las obligaciones situaciones o circunstancias que, lejos de corresponderse con el ámbito normal y regular de la prestación de trabajo, supondrían desviaciones de tal normalidad, merecedoras, acaso, de la reacción que a todos los ciudadanos cumple para hacer valer el imperio de las normas, cuando se aprecie una contravención del ordenamiento, o para hacer llegar a la opinión pública la existencia de eventuales anomalías que —aún no constitutivas, en sí, de ilicitud alguna— sí pudieran llegar a poner en juego el principio de responsabilidad que pesa sobre todos los poderes públicos*". De esta manera, el despido se declara nulo por atentar contra la libertad de información, "*pues ni la sanción recayó por incumplimiento de un deber de secreto, ni se acreditó en juicio la negligencia o el animus nocendi que pudiera haber con-*

currido en su transmisión, versando la información misma sobre hipotéticas anomalías que habrían de merecer la atención pública".

El Tribunal Constitucional fue desgranando en los casos que llegaron a su conocimiento una jurisprudencia con un carácter protector muy marcado que deparó muchas resoluciones favorables a los recursos presentados por los trabajadores. La desestimación del amparo estaba por lo general relacionada con la presencia de un *animus nocendi* en la conducta del trabajador al dar a conocer la información o al realizar la crítica (STC 204/1997 de 25 de noviembre, posteriormente corregida por la STEDH de 29 de febrero de 2000, Asunto Fuentes Bobo v. España; y STC 241/1999, de 12 de abril).

Sin embargo, en la STC 126/2003, de 30 de junio, el Tribunal dio un giro y denegó el amparo del trabajador, en un supuesto con similitudes a otros en los que sí se había concedido con base en argumentos ya abandonados, propios de la doctrina contractualista que se manejó en los primeros años de existencia del Tribunal Constitucional (Guamán Hernández, 2006, p. 125). Como es conocido, la sentencia trata sobre un despido a un trabajador de una empresa de explosivos que dio a conocer a la opinión público a través de la prensa y la radio la mala praxis de la empresa en relación con la fabricación y el almacenamiento de los explosivos. La empresa procedió a despedir disciplinariamente al trabajador por estas comunicaciones que la empresa considera que son inveraces y han llevado a la población una alarma innecesaria. El despido se justifica en la transgresión de la buena fe contractual y el incumplimiento grave y culpable de sus obligaciones del contrato. El despido fue confirmado tanto en instancia como en suplicación y el Tribunal Constitucional, como se ha anticipado, mantuvo esta calificación. Para el Tribunal se trataba de dirimir si se ha llevado a cabo un ejercicio legítimo de la libertad de información del art. 20.1 d) CE y al respecto, atendiendo a los requisitos propios de este ejercicio, entendió que la información era veraz y poseía un interés general. Ahora bien, a continuación se pasa a dilucidar si se habían excedido los límites que la existencia de una relación jurídico laboral impone a dicho ejercicio y en relación con esta cuestión se defendió que la gravedad de la información, susceptible de llevar la alarma a la población próxima a la fábrica requería un mínimo de lealtad por parte del trabajador que debería haber al menos esperado a que los organismos públicos a los que había dirigido sus denuncias pudieran constatar su realidad —el trabajador había puesto los hechos con carácter previo en conocimiento de la empresa y de la Inspección de Trabajo y la Consejería de industria. A juicio del Tribunal, "*ni por el medio y reiteración empleados (cuya innecesaria notoriedad es patente), ni por la finalidad que con la emisión de tales informaciones se pretendía (subsanación de las deficiencias observadas) puede considerarse adecuada la actuación del demandante de amparo*". Como acertadamente se señaló "la exigencia de un comportamiento leal en este caso, que parece traducirse en la obligación del trabajador de dar una oportunidad a la empresa para corregir las posibles negligencias o irregularidades apreciadas, se configura con ello en factor modulador del ejercicio de la libertad de información, que de esta manera registraría unos condicionantes distintos al ejercicio de este derecho por cualquier ciudadano. Esta modulación tendría su origen, por tanto, y así parece sugerirlo el propio Tribunal, *en el específico ámbito de derechos y obligaciones correspondientes a la relación jurídico laboral*" en el que se ejerce el mencionado derecho constitucional" (Elorza Guerrero, 2003, p. 241).

En consecuencia, como ha defendido la doctrina, parece que la actuación del trabajador a la hora de comunicar irregularidades cometidas por su empresa pasa por informar previamente al empresario las mismas (Aparicio Aldana, 2020, p. 83). Con ello se tiende un necesario puente con los sistemas de *whistleblowing*, pues no cabe duda de que implantar un canal de denuncias interno en las empresas cumple con una doble función: "proteger al denunciante y favorecer la disciplina interna, así como permitir a la entidad rectificar y mantener su estabilidad" (Pérez Canet & Guamán Hernández, 2014, p. 1).

La última vez que el Tribunal Constitucional se ha pronunciado sobre esta cuestión ha sido en la anteriormente citada STC 146/2019, de 25 de noviembre. Como se dijo, el conflicto en este caso versa sobre el despido de un trabajador de una empresa adjudicataria de la gestión de un centro médico de día por las críticas por como se desarrollaba dicho servicio hechas al Ayuntamiento adjudicador del servicio. El Trabajador, que previamente había formulado las quejas ante su empresa sin que fueran atendidas, fue primero apercibido por su conducta y posteriormente despedido disciplinariamente por una falta muy grave de indisciplina o desobediencia en el trabajo, disminución continuada y voluntaria en el rendimiento de trabajo pactado y transgresión de la buena fe contractual. En la instancia se declaró el despido nulo por contravenir el derecho a la libertad de expresión, mientras que la STSJ País Vasco, Social, de 10 de mayo de 2016, Rec. 919/2016, lo declaró improcedente, al considerar la Sala que no existía dicha vulneración al haber planteado sus reivindicaciones por cauce inadecuado y haberse inmiscuido "*en denuncias para las que no estaba legitimado y que por no haber quedado acreditadas fueron meras apreciaciones cuya sola mención ante el Ayuntamiento causaron a la empresa un perjuicio injusto*". Tras agotar la vía ordinaria, el asunto pasa al Tribunal Constitucional vía recurso de amparo. El Tribunal no decide sobre el derecho de información, sino en relación con el derecho de libertad de expresión, "*dado que fueron las opiniones y juicios de valor del recurrente en amparo, y no el juicio sobre la veracidad y el carácter noticiable de los hechos en los que se pudieron apoyar, el fundamento de la decisión extintiva y el auténtico objeto de las resoluciones judiciales cuya revisión se solicita en este procedimiento constitucional*", lo que como manifiesta el propio Tribunal con cita de doctrina de sentencias anteriores (STC 38/2017, de 24 de abril y STC 24/2019, de 25 de febrero entre otras), "*tiene una importancia decisiva para determinar la legitimidad del ejercicio de esas libertades, pues, "mientras los hechos son susceptibles de prueba, las opiniones o juicios de valor, por su misma naturaleza, no se prestan a una demostración de exactitud, y ello hace que al que ejercita la libertad de expresión no le sea exigible la prueba de la verdad o diligencia en su averiguación, que condiciona, en cambio, la legitimidad del derecho de información*". Tampoco toma en consideración una posible vulneración de la garantía de indemnidad por no haberse alegado en el recurso. Así pues, el derecho fundamental que se toma en consideración es el derecho a la libertad de expresión, entendiendo que fueron las opiniones y juicios de valor del trabajador los que conformaron el objeto del despido. Por otra parte, el Tribunal entiende que no hubo transgresión de la buena fe por parte del trabajador. Al hilo de esta valoración, se ha manifestado en algún comentario a esta sentencia que "es tiempo ya de que los tribunales y la jurisprudencia constitucional abandonen definitivamente estas expresiones, en particular en esta sentencia la de "lealtad", en otras también la de "fidelidad", como conceptos que integran la buena fe y que contienen en sí mismos el significado de sujetar al trabajador al interés empresarial, lo que aparece contradicho por la existencia del conflicto, cuya legitimidad ampara el propio texto constitucional. Tener que explicar que no existe un deber de lealtad absoluto es más complicado que referirse en exclusiva a un principio, el de buena fe, que sólo debiera exigir el comportamiento que deben adoptar las partes que se relacionan al inicio y en el desarrollo de las relaciones jurídicas constituidas entre ellos, sometiendo sus actos a estándares de conducta correctos y usuales" (Nieto Rojas, 2019, p. 164). El Tribunal Constitucional determinó en consecuencia que el trabajador ejerció de forma correcta dicho derecho y, además, toma en consideración el hecho de que la empresa adjudicataria llevaba a cabo un servicio de tipo social, lo que debe interpretarse como que tiene en cuenta el interés público (Martínez Saldaña et al., 2019, p. 32). De esta manera, se refuerza la protección constitucional de la libertad de expresión cuando esta aparece conectada a intereses públicos y no sólo a las relaciones contractuales (Martínez Saldaña et al., 2019, p. 33; Rojo Torrecilla, 2019).

La vinculación del fenómeno del *whistleblowing* con el derecho de libertad de expresión y en especial con el de libertad de información es una constante en las distintas instancias judiciales. En este sentido, el Tribunal Europeo de Derechos Humanos ha elaborado una jurisprudencia similar a la española. Así, la STEDH, Gran Sala, de 12 de febrero de 2008, Asunto Guja v. Moldavia) y la STEDH, Gran Sala, de 14 de febrero de 2023, Asunto Halet v. Luxemburgo, han perfilado los requisitos para hacer valer el derecho a la libertad de información del art. 10 CEDH en estos casos: el canal utilizado, la autenticidad de la información, la buena fe del denunciante, el interés público de la información divulgada y la ponderación del perjuicio causado en relación con dicho interés.

3.1.2. La garantía de indemnidad de los trabajadores

La garantía de indemnidad es una garantía constitucional ligada al derecho a la tutela judicial efectiva (art. 24.1 CE), por la que se protege a los trabajadores frente a las represalias derivadas del derecho de ejercer acciones judiciales, pero también otras necesarias o preparatorias de éstas frente a la empresa para la defensa de sus derechos (sean o no fundamentales), es decir, el derecho a la tutela judicial efectiva no solo se hace efectivo a través del derecho de los ciudadanos al acceso a los tribunales, sino evitando las consecuencias perjudiciales derivadas de su ejercicio en el ámbito de las relaciones públicas o privadas. Este concepto técnico o estricto de la garantía de indemnidad se opone al concepto amplio o genérico, referido a la prohibición de represalias por el ejercicio del trabajador de cualquier derecho fundamental o libertad pública (Cavas Martínez, 2006, p. 1/17).

La garantía de indemnidad, como tal, carece de reconocimiento expreso en la Constitución. Se trata de un derecho de construcción judicial en el seno del Tribunal Constitucional y del Tribunal Supremo, en unos pronunciamientos que apuntaban a la vinculación de los despidos por quejas con la defensa del derecho a la tutela judicial efectiva (Nogueira Guastavino, 2022). Las primeras sentencias del Tribunal Constitucional fueron la STC 7/1993, de

18 de enero y la STC 14/1993, de 18 de enero, a partir de la prohibición de represalias contenida en el art. 5.c del Convenio OIT n. 158, de 22 de junio 1982, que entiende que no constituye causa justificada de despido "*presentar una queja o participar en un procedimiento entablado contra un empleador por supuestas violaciones de leyes o reglamentos, o recurrir ante las autoridades administrativas competentes*"; y se ha ido perfilando en posteriores sentencias.

Aunque en abstracto la garantía de indemnidad juega en cualquier relación jurídica, lo cierto es que tiene una aplicación específica en el ámbito laboral protegiendo al trabajador que pretende hacer efectivos sus derechos y ha sido en el mismo en el que se han producido la inmensa mayoría de pronunciamientos jurídicos (Cavas Martínez, 2006). Para el TC, "*una actuación empresarial motivada por el hecho de haber ejercido una acción judicial tendente al reconocimiento de nos derechos de los que el trabajador se crea asistido, debe ser calificada como discriminatoria y radicalmente nula por contraria a ese mismo derecho fundamental, ya que entre los derechos laborales básicos de todo trabajador se encuentra el de ejercitar individualmente las acciones derivadas de su contrato*" (STC 5/2003, de 20 de enero) o, en otras palabras, "*en el ámbito de las relaciones laborales, la garantía de indemnidad se traduce en la imposibilidad de adoptar medidas de represalia derivadas del ejercicio por el trabajador de la tutela de sus derechos*" (STC 14/1993, de 18 de febrero; STC 183/2015, de 10 de septiembre).

La configuración subjetiva y objetiva de esta garantía ha ido evolucionando y ampliándose (Folgoso Olmo, 2021). Así, son objeto de protección tanto las reclamaciones judiciales, laborales o ante cualquier otro orden jurisdiccional, las administrativas y las presentadas ante la autoridad competente, así como las acciones preparatorias o previas necesarias para dicha reclamación (STC 14/1993, de 18 de enero). Las denuncias ante la Inspección de Trabajo y Seguridad Social vienen a considerarse de esta manera como un acto previo al proceso con el fin de ponerlo en marcha o evitarlo y por ello conectado con la garantía de indemnidad (Todolí Signes, 2020, p. 94).

En relación con las reclamaciones ante la autoridad competente, debe mencionarse asimismo la STC 198/2001, de 4 de octubre, sobre un caso que trata el deber cívico de denunciar delitos públicos. El conflicto se plantea entre un trabajador, subjefe de caja de un casino, que puso en conocimiento del Servicio de Control de Juegos de Azar una posible irregularidad en la documentación que recibió de la empresa y que propició que la Guardia Civil se personara en el casino. La empresa puso al trabajador en situación de permiso retribuido y posteriormente procedió a despedir al trabajador por transgresión de la buena fe al haber provocado con su actuación la presencia innecesaria de la Guardia Civil. El Tribunal Constitucional no concede el amparo al recurrente, pero no porque la actuación del trabajado no quede amparada por la garantía, sino porque, como queda acreditado, el despido se produce, "*no por la denuncia formulada por el actor, sino por su comportamiento durante la noche en que sucedieron los hechos, al considerar la empresa que tal comportamiento no se compadece con la profesionalidad exigible a un empleado de su categoría*". En este mismo sentido, en la jurisdicción ordinaria, la doctrina judicial ha conectado la garantía de indemnidad al ejercicio de la denuncia de delitos o ilícitos ante las autoridades correspondientes (STSJ Andalucía-Granada, Social, de 20 de mayo de 1998, Rec. 200/1998; STSJ Madrid, Social, de 26 de enero de 1999; STSJ Cataluña, Social, de 31 de mayo de 2000, Rec. 9035/1999).

También debe mencionarse, en relación con los actos preparatorios a la reclamación la STC 55/2004, de 19 de abril, que aplicó la protección de la garantía de indemnidad a un supuesto de despido de un trabajador que solicitó el asesoramiento de un abogado en relación con una patente por invención que estaba siendo utilizada por la empresa. El abogado remitió una carta a la dirección en relación con la explotación ilícita de la patente y sobre el anuncio de las correspondientes acciones legales si no se lograba una solución negociada.

La extensión de la garantía de indemnidad a las represalias por reclamaciones internas resulta más controvertida (Todolí Signes, 2020, p. 98 y ss.; Piqueras García, 2023, p. 21 y ss.). En este sentido, debe mencionarse, por un lado, la doctrina del Tribunal Constitucional que admite esta garantía en relación con la reclamación interna que trata de evitar el conflicto judicial logrando un acuerdo amistoso. Al respecto, la ya citada STC 55/2004, de 19 de abril, entiende que "*el objetivo de evitar un proceso permite extender la garantía de indemnidad a esa actividad previa no imperativa, pero conveniente y aconsejable, cuando del contexto (...) se deduzca sin dificultad que aquella está directamente encaminada al ejercicio del derecho a la tutela judicial efectiva*" (STC 55/2004, de 19 de abril), aunque, en la Sentencia del Tribunal Superior de Justicia del País Vasco, Social, de 12 de julio de 2005, Rec. 1570/2005, que versa sobre un trabajador despedido por comunicar al servicio de intervención de la empresa varias irregularidades en la gestión y funcionamiento de su centro de trabajo, se entiende que, ante la ausencia de una demanda judicial o un acto preparatorio que vincule la actuación del trabajador con el derecho de tutela judicial efectiva, el derecho fundamental vulnerado con la denuncia interna sería el de libertad de expresión y, como la empresa no pudo demostrar que el despido obedeciera a una causa distinta a la represión de la denuncia del actor, se declaró su nulidad. De forma similar, la STS Andalucía-Sevilla, Social, de 2 de octubre de 2007, Rec. 63/2007 declaró la nulidad del despido de un trabajador que entregó al director de personal de la empresa unas fotografías comprometedoras y fue despedido, al entender probado que con ello se vulnera el derecho a la libertad de expresión.

Por otro lado, hay que traer a colación la reciente doctrina sentada por el Tribunal Supremo en sesión plenaria de la Sala 4ª, creando por tanto jurisprudencia, en su sentencia de 15 de noviembre de 2022, Rec. 2645 que extiende la garantía de indemnidad a una reclamación hecha por un trabajador *ad intra* y hecha de manera informal a través de *WhatsApp* (Cano Galán, 2023, p. 4/7).

Subjetivamente (Folgoso Olmo, 2021) se protege no sólo a quien se ha quejado o reclamado, sino también a familiares, allegados e, incluso, a los beneficiados por la queja en casos de reclamaciones colectivas, disociando el sujeto que interpone la demanda de los que sufren la represalia (STC 16/2006, de 19 de enero, STC 44/2006, de 13 de febrero, STC 16/2006, de 19 de enero).

Recientemente, el Tribunal Supremo ha venido a extender todavía más el ámbito subjetivo de la garantía de indemnidad. Efectivamente, en principio, esta protección se reconoce como un derecho individual, de manera que la represalia debe afectar exclusivamente a quien ha ejercido sus derechos frente a la empresa, pues en tal caso puede apreciarse la conexión entre la acción de reclamación y la reacción de represalia empresaria. Sin embargo, la STS, Social, de 9 de diciembre de 2021, Rec. 9/2019 ha venido a reconocer, en algunos supuestos, una protección "refleja" de la garantía de indemnidad. En este caso, una trabajadora que había reclamado para que su relación laboral temporal con el Ayuntamiento para el que prestaba servicios fuera considerada como una relación laboral indefinida no fija. La sentencia del Juzgado de lo Social y la de Suplicación consideraron el uso fraudulento de la contratación temporal y consecuentemente que la decisión de no renovar su contrato constituía un despido, si bien improcedente y no nulo, pues no se había vulnerado ningún derecho fundamental, puesto que la decisión había afectado a todos los trabajadores que estaban en la misma situación que la actora. El Tribunal Supremo en recurso de unificación de doctrina, no obstante, considera probada la represalia y la vulneración de la garantía de indemnidad, por cuanto "*el hecho de que el despido afecte a toda la plantilla, lejos de debilitar el indicio de lesión del derecho no hace más que reforzarlo. Ello es así porque la extensión de la consecuencia perjudicial al resto de compañeros de la demandante tendrá, sin duda, un efecto aún más disuasorio del ejercicio del derecho*". Se extiende a este supuesto la doctrina de la discriminación por solidaridad o refleja que el TJUE inicialmente propició para extender la protección derivada del derecho a la no discriminación a los familiares de las personas incluidas en uno de los colectivos vulnerables protegidos por la prohibición de discriminación. (STJUE, Gran Sala, de 17 de julio de 2008, Caso Coleman C-303/06). Se trata por tanto de una extrapolación a un ámbito distinto cual es el de la tutela judicial efectiva, que no está exento de crítica en cuando a la argumentación utilizada (Nogueira Guastavino, 2022).

En el plano internacional, como se dijo, el Convenio 158 OIT recoge esta garantía en relación con el despido. También está presente en el reciente Convenio 190 OIT sobre violencia y acoso en relación con la obligación de los estados miembros de garantizar medidas de protección frente a las represalias para quienes denuncien judicialmente o de otro modo una conducta de violencia de acoso, así como para las víctimas y los testigos; y, además, está presente en diversas Directivas europeas en relación con el derecho de igualdad de trato.

La positivación de esta garantía en la normativa interna está reflejada, por ejemplo, en el art. 17.1 ET, cuando declara nulas desde el año 2003 "*las decisiones empresariales que supongan un trato desfavorable de los trabajadores como reacción ante una reclamación efectuada en la empresa o ante una acción judicial destinada a exigir el cumplimiento del principio de igualdad de trato y no discriminación*"; o en el art. 8.12 LISOS que se expresa en similares términos para calificar esta conducta empresarial como muy grave.

Como se ha señalado (Cavas Martínez, 2006, p. 4/17), el derecho de garantía de indemnidad construido por el Tribunal Constitucional presenta en relación con estas normas un "carácter universal", pues la protección no se circunscribe al despido, sino a cualquier otra medida empresarial y se refiere a la presentación de reclamaciones sobre cualquier derecho, más allá por tanto de la protección del derecho a la igualdad de trato y no discriminación.

Ahora bien, la garantía de indemnidad está vinculada necesariamente al derecho a la tutela judicial efectiva. Ciertamente abarca, como se ha mencionado, la interposición de la acción o judicial u otro tipo de reclamaciones ante la autoridad, así como los actos preparatorios para las mismas e, incluso, las reclamaciones internas ante la empresa, pero, en los casos en que no puede establecerse esta vinculación con el derecho a la tutela judicial efectiva se ha desechado la protección o se ha vinculado a otro derecho, declarando la nulidad, por constituir la represalia una lesión de este. Este es el caso de las represalias empresariales por la actuación en juicios como testigo de sus empleados, que no se han vinculado con la garantía de indemnidad y su protección se ha derivado por el Tribunal Constitucional (STC 197/1998) al derecho a comunicar información veraz, lo que ha sido criticado por la doctrina al entender que este derecho solo opera en el contexto de los medios de difusión informativa (Cavas Martínez, 2006, p. 10/17). Sin embargo, la STSJ Andalucía-Sevilla, de 13 de diciembre de 2018, Rec. 4378/2017, que resolvió sobre el despido de un técnico Agencia de Innovación y Desarrollo de Andalucía (IDEA) por haber testificado en el infame "Caso ERE" sí mereció protección con base en la garantía de indemnidad. A juicio del Tribunal, con mención de la doctrina de la STC 6/1988, "*el actor actuó como "whistleblower", no ofendió al empresario, sino que se trata de empleado (al cabo despedido) que cumple una obligación legal de denuncia, y testimonio, ante un evidente caso de presunto fraude en subvenciones más otros delitos*" y en consecuencia declara nulo el despido por vulneración de derechos fundamentales.

En cualquier caso, el hecho de que el Tribunal Constitucional vincule esta garantía con el derecho de tutela judicial efectiva me lleva a no compartir totalmente la opinión doctrinal de que la garantía de indemnidad es una protección adicional del ejercicio de un derecho fundamental, de manera que, cuando se lleva a cabo cualquier tipo de represalia con base en dicho ejercicio, junto con el derecho fundamental se vulnera el derecho a la indemnidad. Y que la protección del denunciante o informante frente a estas represalias es parte, por tanto, de esta garantía de indemnidad, puesto que este derecho a comunicar, denunciar o revelar las informaciones forma parte, como ya se dijo, del derecho a la libertad de información y expresión (Gómez Abelleira, 2023, p. 3/4). A mi modo de ver, aunque la extensión objetiva y subjetiva aludida nos acerca al concepto de garantía de indemnidad genérico y ampliado que se esgrime en esta afirmación, éste no es el que recogen en puridad los órganos judiciales. En este sentido, la protección del informante mediante está garantía solo cabría cuando su denuncia se canaliza a través de órganos judiciales u otro tipo de autoridades administrativas, así como, en su caso, mediante denuncias internas en la empresa.

3.1.3. El whistleblowing como riesgo psicosocial

Finalmente, quiero tratar una novedosa doctrina judicial que ha servido para proteger a los *whistleblowers.* Me refiero a la aplicada por la STSJ Madrid, Social, de 15 de febrero de 2019, Rec. 824/2018.

El actor, un trabajador sobrecargo de una compañía aérea denunció las irregularidades cometidas por un comandante que ponían en peligro la seguridad de un vuelo a través del procedimiento instaurado por la compañía (modelo CAB11-17 *cabin safety report*) requiriendo confidencialidad, siendo esta una opción que permite el procedimiento. Dicho deber de confidencialidad y, como consecuencia, el actor sufre diversos actos de hostigamiento, que es advertido a los superiores por diversos compañeros del trabajador.

La Sala considera que la protección del trabajador denunciando las irregularidades no tiene una protección general legalmente reconocida, aunque también pone de manifiesto que resulta aplicable el Reglamento (UE) 376/2014, relativo a la notificación de sucesos en la aviación civil. En cualquier caso, lo importante es la argumentación que realiza con carácter general y, por tanto, al margen de esta normativa sectorial. En este sentido, señala la sentencia que "s*e ha de convenir en que una mínima e indis-*

pensable ética organizacional y de prevención del riesgo psicosocial debe llevar a la protección del denunciante por cuanto la denuncia supone un beneficio tanto para la organización como para la sociedad en su conjunto al poner de manifiesto y sacar a la luz problemas que deben ser resueltos y respecto de los cuales muy pocas personas están dispuestas a hacer algo". Y, sobre esta base determina que el "*Whistleblowing, por tanto, es un riesgo laboral de carácter psicosocial que puede afectar seriamente la seguridad y salud del trabajador denunciante. El establecimiento de la confidencialidad y la preservación de un anonimato están destinados a favorecer la denuncia erigiéndose como las medidas de seguridad indispensables para evitar la producción del riesgo de represalias y acoso causantes de daños. De no existir un evidente riesgo para el denunciante, la confidencialidad sobraría, por innecesaria*".

Así, "*siendo, pues, un riesgo el trabajador tiene derecho a una protección eficaz y el empresario tiene el deber de proporcionarla (en correlación con el respectivo derecho de protección eficaz, art. 14.1 LPRL) adoptando todas las medidas que integran el deber de protección en todos los aspectos relacionados con el trabajo (art.14.2 LPRL). Respecto a este, no basta con establecer solo formal y nominalmente la confidencialidad, hay que garantizarla con sistema y activamente combatiendo los riesgos de ruptura y filtraciones desde su origen, evaluando el riesgo y planificando adecuadamente la actividad preventiva necesaria para garantizar la protección del trabajador que denuncia para que no sufra ningún perjuicio incluidos los de naturaleza psicosocial (arts. 15 y 16 LPRL)*".

Para la Sala queda acreditado que la empresa no preservó adecuadamente la confidencialidad del denunciante, no protegió al trabajador en el origen de un riesgo laboral (art. 15.c LPRL), lo que provocó que el trabajador estuviera sometido a violencia psicológica en el trabajo y fuera de él, una forma específica de acoso moral que "*sufren las personas que denuncian las irregularidades y/o disfunciones de un superior, sistema u organización (conocido como whistleblower) pues, en muchas ocasiones, van a ser represaliadas por el sistema o por el grupo al que el superior pertenece una variante de acoso laboral*".

Por todo ello la Sala concluye con la existencia de una situación de acoso laboral determinante de una lesión psíquica en la persona del trabajador, producida como consecuencia del incumplimiento y pasividad empresarial y reconoce una indemnización por daños morales tomando como referente el importe de la multa de la sanción muy grave como establece el art. 40 RD 5/2000 atendiendo a los perjuicios causados y que fija en 60.000 euros.

La sentencia, como era de esperar, no ha dado lugar a un pronunciamiento en unificación de doctrina. El ATS, Social, de 2 de diciembre de 2020, Rec. 1686/2019 declara la inadmisión del recurso interpuesto por la empresa por falta de contradicción entre la sentencia recurrida y la aportada de contraste y por tratarse, además, "*de una valoración casuística que depende de las circunstancias concretas de cada caso, que difícilmente puede dar lugar a un supuesto incluido en el ámbito de unificación de doctrina*".

3.2. ANTECEDENTES LEGALES DE DERECHO INTERNO

Junto con la jurisprudencia relatada en el apartado anterior, en nuestro ordenamiento jurídico han aparecido incidentalmente referencias legales, no siempre expresas, a la necesidad de instaurar canales internos de denuncia, así como a mecanismos de denuncia externos, sobre todo desarrollados en el ámbito autonómico, si bien, en este trabajo, sólo vamos a ocuparnos de los primeros.

3.2.1. Los protocolos de acoso y la Ley Orgánica 3/2007, de 22 de marzo

La primera referencia en el ordenamiento jurídico español a los canales de internos de denuncia, aunque con un ámbito objetivo distinto, se encuentra en la Ley Orgánica 3/2007, de 22 de marzo, para la igualdad efectiva de hombres y mujeres (LOI), cuyo art. 48.1 obligaba a las empresas a arbitrar procedimientos específicos para dar cauce a las denuncias que formulen quienes hayan sufrido acoso sexual o acoso por razón de sexo. Sin embargo, esta obligación se omite en la actual redacción del precepto, tras la reforma operada en el mismo, por la DA 10ª.3 de la Ley Orgánica 10/2022, de 6 de septiembre, de garantía integral de la libertad sexual (LOGILS).

Pese al cambio normativo, esta obligación no ha desaparecido, sino que simplemente ha cambiado su ubicación, pues se mantiene por efecto del art. 12.1 LOGILS, el cual dentro de las medidas para prevenir y sensibilizar frente a los delitos y otras conductas contra la libertad sexual y la integridad moral en el ámbito de la empresa obliga a "*arbitrar procedimientos específicos para su prevención y para dar cauce a las denuncias o reclamaciones que puedan formular quienes hayan sido víctimas de estas conductas, incluyendo específicamente las sufridas en el ámbito digital*".

En general, se trata de los conocidos protocolos de acoso sexual que han desarrollado las empresas y que ahora se extienden igualmente al supuestos de acoso moral o *mobbing* en cuanto que atentan al derecho a la integridad del trabajador recogido en el art. 12.1 LOGILS, lo que está en consonancia con el recientemente ratificado Convenio 190 OIT, sobre la violencia y el acoso del año 2019 que obliga a que en estos mecanismos internos se atienda a todo tipo de violencia y no sólo los supuestos de acoso en cualquiera de sus modalidades.

La normativa aplicable no señala ninguna garantía ni medida de protección para los sujetos que pueden interponer una queja o denuncia —obviamente las víctimas, pero también la representación de los trabajadores (art. 48.2 LOI) y cualquier otra persona trabajadora que tenga conocimiento de la situación (art. 29.2.4 LPRL)—. Sin embargo, tomando como referencia el Convenio 190 OIT y la propia Directiva (UE) 2019/1937, deberían establecerse garantías para impedir posibles represalias sobre los informantes (Igartua Miró, 2020, pp. 37 y 38). Además, durante la tramitación del procedimiento formal, que será conducido por asesores confidenciales y deberá respetar el derecho a la intimidad de los sujetos implicados —sin perjuicio de que se de publicidad a los resultados—, debe preverse la posibilidad de establecer medidas cautelares que eviten que la conducta siga ocurriendo, sin menoscabar los derechos de la víctima (López Rubia, 2020, p. 590).

Por otro lado, las represalias a los informantes de estos ilícitos dan lugar a una infracción administrativa muy grave que acarrea la correspondiente sanción a la empresa en virtud del art. 8.12 LISOS, el cual sanciona "*las decisiones del empresario que supongan un trato desfavorable de los trabajadores como reacción ante una reclamación efectuada en la empresa [...] destinada a exigir el cumplimiento del principio de igualdad de trato y no discriminación*". Finalmente, los denunciantes, si son represaliados mediante el despido obtendrán la tutela que dispensa el art. 55.5 ET en relación con la protección de los derechos fundamentales, bien, como ya se ha señalado en un epígrafe precedente, por la vulneración del derecho a la libertad de información y/o expresión, bien como vulneración del derecho a la tutela judicial efectiva, en relación con la garantía de indemnidad si el despido es la respuesta a la denuncia o, incluso, como ha señalado la doctrina (Lousada Arochena, 2019; Martínez Saldaña et al., 2019, p. 22), por la vulneración del derecho a la protección en caso de que "se haya producido un acoso o represalia consiguiente a la denuncia porque [...] se ha vulnerado la confidencialidad en la gestión de los datos personales [en el canal de denuncias]".

3.2.2. *La Ley 10/2010, de 28 de abril, de prevención del blanqueo de capitales y de la financiación del terrorismo*

La siguiente referencia legal a los canales internos de denuncia se encuentra en la Ley 10/2010, de 28 de abril, de prevención del blanqueo de capitales y de la financiación del terrorismo con aplicación a las entidades y organizaciones del sector bancario y financiero, pero también a otros sujetos y organizaciones que, por su actividad pueden cometer los ilícitos mencionados en el título de la norma

En realidad, en su versión original, esta norma no hacía referencia expresa a estos procedimientos de denuncias. Ahora bien, sí se introdujo la necesidad de que los sujetos obligados establezcan un órgano de control interno responsable de la aplicación de las políticas y procedimientos adecuados en materia de diligencia debida, información, conservación de documentos, control interno, evaluación y gestión de riesgos, garantía del cumplimiento de las disposiciones pertinentes y comunicación, con objeto de prevenir e impedir operaciones relacionadas con el blanqueo de capitales o la financiación del terrorismo, así como sobre la admisión de clientes (art. 26.1 y 2); y la necesidad de adoptar "*medidas adecuadas para mantener la confidencialidad sobre la identidad de los empleados, directivos o agentes que hayan realizado una comunicación a los órganos de control interno*"; y de que las autoridades o funcionarios tomen "*las medidas apropiadas a fin de proteger frente a cualquier amenaza o acción hostil a los empleados, directivos o agentes de los sujetos obligados que comuniquen indicios de blanqueo de capitales o de financiación del terrorismo*" (art. 30.1).

En la actualidad, tras la reforma de la disposición normativa operada por el Real Decreto-ley 11/2018, de 31 de agosto, se ha introducido un nuevo art. 26 bis sobre procedimientos internos de comunicación de potenciales incumplimientos. Como se señala en el apartado primero del precepto, estos procedimientos internos tienen como objetivo que "*sus empleados, directivos o agentes puedan comunicar, incluso anónimamente, información relevante sobre posibles incumplimientos de esta ley, su normativa de desarrollo o las políticas y procedimientos implantados para darles cumplimiento, cometidos en el seno del sujeto obligado*"; y pueden integrarse con otros que el sujeto obligado hubiera podido establecer para la comunicación de infracciones referidas a la normativa general o sectorial que les fuere aplicable, lo que parece referirse especialmente a los procedimientos previstos en la normativa penal a la que me refiero en el apartado siguiente.

Debe señalarse que, aunque no se detallan, se impone la necesidad de adoptar medidas para proteger a los informantes *"frente a represalias, discriminaciones y cualquier otro tipo de trato injusto"*.

3.2.3. Whistleblowing y responsabilidad penal de las personas jurídicas

La siguiente referencia legal a los canales internos de denuncia vino dada por la instauración, en nuestro ordenamiento jurídico, de la responsabilidad penal de personas jurídicas, introducida en el art. 31 bis del Código Penal por la Ley Orgánica 5/2010, de 22 de junio y consolidada por la Ley Orgánica 7/2012, de 27 de diciembre, por la que se modifica la Ley Orgánica 10/1995, de 23 de noviembre, del Código Penal en materia de transparencia y lucha contra el fraude fiscal y en la Seguridad Social; y por la Ley Orgánica 1/2015, de 30 de marzo, por la que se modifica la Ley Orgánica 10/1995, de 23 de noviembre, del Código Penal.

Realmente, es a partir de la reforma operada por esta última norma cuando se prevé expresamente que la responsabilidad penal de las personas jurídicas pueda exonerarse si estas adoptan determinadas medidas, entre las que se entienden comprendidos los canales de denuncia, aunque, desde la introducción de la responsabilidad penal en 2010, ya se venía entendiendo que la imputación de responsabilidad a las personas jurídicas que no hubieran ejercido el "debido control" sobre las personas físicas era el resultado de la voluntad del legislador de eximir a aquellas personas jurídicas que sí hubieran ejercido dicho control (Ragués i Vallés, 2020), por lo que los canales de denuncia se empezaron a generalizar en las empresas a través de los programas de *compliance*, con el fin de prevenir y evitar la comisión de delitos (Caro Catalán, 2021, p. 2162).

A juicio de la doctrina este precepto delega los deberes de gestión y control del riesgo, "produciéndose una suerte de autorregulación (regulada), en la que los entes colectivos tienen la potestad de desarrollar una normativa interna que les permite evitar ser sancionadas penalmente: los denominados planes de prevención de delitos o de cumplimiento penal" (Ayala González, 2020, p. 273) que integran los programas de cumplimiento o de *compliance*. Se instaura una fórmula de cooperación público-privada que no implica dejación del poder estatal en su labor de investigación e instrucción de causas criminales, pero que sí puede afectar al resultado de esta. Al tiempo, se promociona una cultura organizacional que promueve el comportamiento ético y el respeto por la legalidad (Ayala González, 2020, p. 278; Gallego Soler, 2014, p. 203), siempre que no se limiten a expresas declaraciones o códigos éticos o de conductas y contengan medidas efectivas e idóneas para evitar los delitos imputables a las organizaciones (Dopico Gómez-Aller, 2018, p. 148).

Pues bien, por lo que respecta a los canales de denuncia, entre otros requisitos, el art. 31.5. 4º CP señala que los sistemas de cumplimiento "*impondrán la obligación de informar de posibles riesgos e incumplimientos al organismo encargado de vigilar el funcionamiento y observancia del modelo de prevención*". Esta norma plantea de origen dos dudas interpretativas.

Así, en primer lugar, debe aclararse el alcance de la imposición empresarial. Si, efectivamente, las empresas han de imponer en todo caso esta obligación nos encontraríamos ante un nuevo deber laboral cuyo incumplimiento debería generar una sanción tanto a la empresa que no lo exige como al trabajador que lo incumple y la norma no ha previsto nada al respecto. En realidad, como señala la doctrina, la adopción de medidas de *compliance* no es obligatoria y su ausencia por sí misma no conlleva ningún tipo de sanción o responsabilidad para la empresa, pero evidentemente impedirá el juego de la exoneración de responsabilidad (Ayala González, 2020, p. 279).

La segunda duda aparece entonces en relación con las empresas que deciden apostar por introducir medidas de cumplimiento. En este caso, la doctrina se pregunta si del precepto puede extraerse la obligación de implantar un canal de denuncias interno. En este sentido, se ha defendido que obligar a denunciar a los empleados no requiere necesariamente implantar un canal específico para tramitar dichas denuncias, aunque tanto la Fiscalía General del Estado, en su Circular 1/2016, de 22 de enero, sobre la responsabilidad penal de las personas jurídicas conforme a la reforma del Código Penal efectuada por la Ley Orgánica 1/2015[5], como el propio Tribunal Supremo, aunque *obiter dicta* (STS, Penal, de 6 de febrero de 2020, Rec. 2062/2018[6]), hayan defendido la importancia de crear canales de denuncia (Ragués i Vallés, 2020, p. 3/14). Sin embargo, en mi opinión, está obligación está implícita si se pone en relación este requisito con lo dispuesto en el apartado 2 del precepto al que complementa, que requiere, para exonerar la responsabilidad empresarial, que los modelos de organización de prevención de delitos incluyan medidas de vigilancia y control idóneas. Difícilmente puede considerarse idóneo un modelo que no articula un procedimiento formal para dar cauce a la obligación de información.

---

5 Circular 1/2016, de 22 de enero, sobre la responsabilidad penal de las personas jurídicas conforme a la reforma del Código Penal efectuada por la Ley Orgánica 1/2015. Disponible en: https://www.boe.es/buscar/doc.php?id=-FIS-C-2016-00001

6 En la sentencia se señala que "sobre esta necesidad de implantar estos canales de denuncia, y que se vio en este caso con una alta eficacia *al constituir el arranque de la investigación como notitia criminis se recoge por la doctrina a este respecto que la Directiva se justifica en la constatación de que los informantes, o denunciantes, son el cauce más importante para descubrir delitos de fraude cometidos en el seno de organizaciones; y la principal razón por la que personas que tienen conocimiento de prácticas delictivas en su empresa, o entidad pública, no proceden a denunciar, es fundamentalmente porque no se sienten suficientemente protegidos contra posibles represalias provenientes del ente cuyas infracciones denuncia*".

La garantía de protección de los informantes frente a posibles represalias no queda reflejada en la norma. Sin embargo, no puede ser evadida pues, como señaló la Fiscalía en la ya citada Circular 1/2016, "para que la obligación impuesta pueda ser exigida a los empleados resulta imprescindible que la entidad cuente con una regulación protectora específica del denunciante *(whistleblower)*, que permita informar sobre incumplimientos varios, facilitando la confidencialidad mediante sistemas que la garanticen en las comunicaciones (llamadas telefónicas, correos electrónicos...) sin riesgo a sufrir represalias".

3.2.4. La Ley Orgánica 3/2018, de 5 de diciembre, de Protección de Datos Personales y garantía de los derechos digitales

El art. 24 de la Ley Orgánica 3/2018, de 5 de diciembre, de Protección de Datos Personales y garantía de los derechos digitales (en adelante LOPDPGDD) se constituye como otro antecedente de la normativa actual en relación con los canales internos de información. Esta norma determina en su apartado primero que "*será lícita la creación y mantenimiento de sistemas de información a través de los cuales pueda ponerse en conocimiento de una entidad de Derecho privado, incluso anónimamente, la comisión en el seno de la misma o en la actuación de terceros que contratasen con ella, de actos o conductas que pudieran resultar contrarios a la normativa general o sectorial que le fuera aplicable*"; y también que, tanto empleados, como terceros deben ser informados sobre su existencia.

El porqué de esta previsión normativa se encuentra en el conflicto que se había creado en nuestro país en relación con la admisión en los protocolos empresariales de denuncias anónimas. Efectivamente, las empresas españolas, especialmente las grandes y las multinacionales, cuando integraban sistemas de *compliance*, siguiendo los modelos regulados, especialmente los estadounidenses, permitían que estos sistemas de información se pusieran en marcha mediante denuncias anónimas[7].

Sin embargo, la Agencia Española de Protección de Datos se posicionó en contra de esa posibilidad, al entender que conculcaba la entonces regulación vigente en materia de protección de datos[8], posicionándose, incluso, en contra del criterio del Grupo de Trabajo 29, órgano independiente encargado de clarificar y determinar los criterios de aplicación en materia de cuestiones relacionadas con la protección de la privacidad y los datos personales hasta el 25 de mayo de 2018 en que entró en vigor el RGPD. Efectivamente, este organismo en su Dictamen 1/2006 sobre la aplicación de las normas de la UE relativas a la protección de datos a programas internos de denuncia de irregularidades en los campos de la contabilidad, controles contables internos, asuntos de auditoría, lucha contra el soborno, delitos bancarios y financieros, consideraba que, si bien la regla general es la identificación del denunciante, también cabía la posibilidad de recibir y tramitar denuncias anónimas en determinadas circunstancias. De esta manera, la LOPDDGDD vino a corregir esta posición de la AEPD mediante su admisión expresa.

---

7 En este sentido, algunas normas internacionales como la Convención de las Naciones Unidas contra la corrupción de 2003 o en europeas como el Reglamento (UE, EURATOM) 883/2013 del Parlamento Europeo y del Consejo, de 11 de septiembre de 2013 relativo a las investigaciones efectuadas por la Oficina Europea de Lucha contra el Fraude (OLAF) y por el que se deroga el Reglamento (CE) n.º 1073/1999 preveían en sus respectivos ámbitos las denuncias anónimas, al igual que en otras normas de *soft law* relativas a los sistemas de información interna, como la UNE 19601, de mayo de 2017, de Sistemas de gestión de *compliance* penal, prevé la posibilidad de comunicaciones anónimas.

8 Informe 128/2007 disponible en http://www.complianza.net/actualidad/wp-content/uploads/2017/07/informe-aepd.pdf

3.3. DE LA NORMATIVA EUROPEA A LA LEY ESPAÑOLA DE PROTECCIÓN DE INFORMANTES

Las experiencias normativas en materia de canales de denuncia, que, como hemos visto, se habían dado en el marco de la Unión Europea, no constituían una solución uniforme. La protección de los denunciantes tenía un carácter sectorial que debía corregirse para lograr un instrumento transversal de lucha contra la corrupción y el fraude (Caro Catalán, 2021, p. 2166; Sáez Lara, 2020, p. 139). Esta intención se mostraba ya en la Comunicación de la Comisión "Derecho de la UE: mejores resultados gracias a una mejor aplicación" (2017/C 18/02)34[9], en la que se incidía en "el papel crucial de las denuncias en la detección de las infracciones del Derecho de la UE", con lo que resultan un instrumento muy importante para lograr una mejor aplicación del Derecho de la UE. A tal efecto, en su anexo fijaba una serie de recomendaciones para los "procedimientos administrativos para la gestión de las relaciones con el denunciante en relación con el Derecho de la Unión Europea" (Caro Catalán, 2021, p. 2166).

El mismo año la Resolución del Parlamento Europeo de 24 de octubre de 2017, sobre las medidas legítimas para la protección de los denunciantes de irregularidades que, en aras del interés público, revelan información confidencial sobre empresas y organismos públicos (2016/2224(INI))[10] dejó clara la necesidad de "establecer con carácter de urgencia un marco horizontal y exhaustivo que, mediante la formulación de derechos y obligaciones, proteja eficazmente a los denunciantes en los Estados miembros y en las instituciones, autoridades y organizaciones de la Unión".

Como consecuencia, la Comisión Europea presentó, el 23 de abril de 2018, una propuesta de directiva con el ob-

---

9 Disponible en https://eur-lex.europa.eu/legal-content/ES/TXT/PDF/?uri=CELEX:52017XC0119(01)&-from=EN

10 Disponible en: https://www.eu-roparl.europa.eu/doceo/document/TA-8-2017-0402_ES.html

jetivo de "explorar plenamente el potencial de protección de quienes denuncian infracciones, con el fin de reforzar la aplicación de la legislación"; y, finalmente, el 7 de octubre de 2019, el Consejo de la Unión Europea aprobó la Directiva 2019/1937 del Parlamento Europeo y del Consejo relativa a la protección de las personas que informen sobre infracciones del Derecho de la Unión. La Directiva concede un plazo de dos años (hasta 17 de diciembre de 2021), a partir de la entrada en vigor de esta, para su transposición al derecho interno de los países miembros, aunque la obligación para establecer canales de denuncia en empresas de más de 50 trabajadores y hasta 249 goza de un plazo de transposición más amplio que se alarga hasta los cuatro años (hasta 17 de diciembre de 2023).

La Directiva pretende homogeneizar la regulación del *whistleblowing* en los países de la UE, mediante el establecimiento de unas normas mínimas para garantizar la protección de los denunciantes de infracciones del Derecho de la UE, tanto en el sector público como en el privado, lo que, a juicio de la doctrina, "resulta de suma importancia y debería redundar en una correcta sinergia, en particular en aquellos ilícitos que implican al sector privado y al sector público como es el caso de la corrupción pública y el lavado de activos de la misma" (Bermejo, 2020, pp. 8/23 y 9/23). Además, esta homogenización de las normativas nacionales con unos estándares mínimos de protección para los denunciantes seguramente evitará la comisión de delitos transfronterizos (Campanón Galiana, 2020, p. 2; Piqueras García, 2023, p. 5)

En un primer momento, las experiencias judiciales y legislativas relatadas anteriormente llevaron a considerar que el ordenamiento jurídico español podría cumplir los estándares marcados por la norma europea, en tanto que se configura un estatus "*a priori* bastante favorable para aquellas personas que deciden denunciar hechos delictivos de los que han tenido conocimiento en el contexto de su actividad laboral" (Ragués i Vallés, 2020, p. 7/14), lo que condujo, incluso, a plantear la real necesidad de transponer la Directiva (Vidal López, 2019).

Desde el punto de vista del derecho penal, la protección del denunciante que con su actuación revela un secreto aparece garantizada con base en la interpretación judicial que se hace del art. 278 CP y en la Ley 1/2019, de 20 de febrero, de Secretos Empresariales. Además, hay que tener en cuenta que el art. 464 CP castiga a quien con violencia o intimidación pretenda influir en el denunciante para que modifique su actuación procesal o realice "*cualquier acto atentatorio contra la vida, integridad, libertad, libertad sexual o bienes*" como forma de represalia por su actuación en procedimiento judicial. Sin embargo, este precepto, como señala la doctrina (Ragués i Vallés, 2020, pp. 7/14 y 8/14), no parece alcanzar a las represalias estrictamente laborales, ni tampoco aquellas represalias por actos de denuncia no vinculados con actuaciones relacionadas con procedimientos judiciales (por ejemplo, en el caso de denuncias ante agencias anticorrupción).

Ciertamente, es en los aspectos laborales en los que se hace más necesaria la transposición de la Directiva. Efectivamente, es cierto que, como se ha visto anteriormente, la jurisprudencia venía estableciendo una protección para los trabajadores denunciantes que sufrían represalias sobre la base de la vulneración de los derechos fundamentales de libertad de expresión, libertad de información o el derecho a la tutela judicial efectiva referenciado en la garantía de indemnidad, pero estas medidas no abarcan todos los supuestos de represalias que puede sufrir un trabajador que informe de las infracciones que comete la organización para la que trabaja.

La transposición de esta normativa al ordenamiento jurídico español comenzó el año 2020, mediante la constitución de un grupo de trabajo encargado de preparar una propuesta de un texto articulado. Como en otras ocasiones, el plazo general establecido en el art. 26.1 de la Directiva europea[11], fijado para el 17 de diciembre de 2021, ha sido ampliamente

---

11 El art. 26.2 de la Directiva establece, no obstante, un plazo más amplio, hasta el 17 de diciembre de 2023, para implantar los canales internos de denuncia en las empresas entre 30 y 250 trabajadores.

sobrepasado. El proceso de transposición finalmente ha cristalizado con la aprobación en el Congreso de la Ley 2/2023, de 20 de febrero, reguladora de la protección de las personas que informen sobre infracciones normativas y de lucha contra la corrupción (en adelante LRPI).

Ya se ha señalado la conexión de los canales de denuncia con el ejercicio de derechos fundamentales, en especial con el derecho de información recogido en el art. 20.1.d CE, tanto en el derecho constitucional español como en el Tribunal Europeo de Derechos Humanos que recientemente ha avalado está conexión en relación con el art. 10 CEDH (STEDH, Gran Sala, de 14 de febrero de 2023, Asunto Halet v. Luxemburgo).

Por tanto, si la norma española está desarrollando el ejercicio de un derecho fundamental constitucionalmente protegido cabe preguntarse si no debería haberse instrumentado cómo una ley orgánica. Desde muy temprano el Tribunal Constitucional, interpretando el art. 53.1 CE, el cual señala que "*sólo por ley, que en todo caso deberá respetar su contenido esencial, podrá regularse el ejercicio de tales derechos y libertades*", determino claramente que la regulación del ejercicio de los derechos fundamentales sólo podía realizarse por ley, quedando excluida toda intervención del poder ejecutivo vía reglamentaria (STC 83/1984, de 24 de junio y STC 112/2006, de 5 de abril). Otra cuestión es cómo se interpreta la relación de este precepto con el art. 81.1 CE, a tenor del cual son leyes orgánicas las relativas, entre otras cuestiones, al desarrollo de los derechos fundamentales y de las libertades públicas, es decir si todos los aspectos regulados con la regulación de un derecho fundamental se reservan a la ley orgánica o si existe algún tipo de complementariedad con la ley ordinaria. El Tribunal Constitucional ha sentado algunas directrices al respecto. De esta manera, para delimitar la reserva material de ley orgánica, el concepto de desarrollo se asocia con la regulación general o global del derecho o libertad o con una ordenación parcial de aspectos esenciales de su régimen jurídico (STC 93/1988, de 24 de mayo; STC 127/1994, de 5 de mayo; STC

173/1998, de 3 de marzo; y STC 184/2012, de 17 de octubre), incluyendo también en la reserva las leyes que establezcan restricciones de tales derechos o libertades (STC 101/1991, de 13 de mayo). Mas recientemente el Tribunal Supremo se ha pronunciado de forma similar. En este sentido, la STS, Cont. Admin., de 24 de mayo de 2021, Rec. 3375/2021 ha intervenido en esta cuestión y ha establecido que, tanto el desarrollo de los derechos fundamentales, como el establecimiento de limitaciones a los derechos fundamentales de tal intensidad que les afectan esencialmente están reservados a la ley orgánica, pero que mediante ley ordinaria estatal o de ámbito autonómico puede regularse su ejercicio, siempre que se respete su contenido esencial e, incluso, establecer limitaciones puntuales a los mismos.

A mi juicio, la LRPI cumple con estas premisas. Por un lado, no es una norma que regule o abarque todas las facetas del derecho, antes, al contrario, se limita a regular el ejercicio del derecho a la libertad de información en un ámbito determinado y respetando su contenido esencial; y, por otro lado, no establece ninguna limitación al ejercicio del derecho más allá de las que ya había sentado nuestro Tribunal Constitucional, como el requisito de veracidad de la información comunicada.

Es más, la importancia de la Directiva y de la norma española estriba en la creación de un supuesto de protección legal para estos trabajadores que evita tener que considerar si se ha vulnerado un derecho fundamental, esto es, si se ha hecho un ejercicio legítimo del mismo y se ha actuado de buena fe y especialmente, como se ha señalado, "a observar una supuesta lesión del prestigio, fama, imagen o buen nombre de la entidad infractora, con la que la libertad de expresión pueda entrar en colisión". Así, "en estos supuestos la "defensa de la productividad" a la que alude el art. 38 CE, o los "legítimos intereses empresariales" a los que se refiere recurrentemente la jurisprudencia, como límite al ejercicio de los derechos fundamentales del trabajador, ceden en favor de un derecho prioritario a que se conozcan, dado su interés público, determinadas infracciones de la normativa europea, o interna cuando proceda. Se trata de un particular supuesto de ejercicio de estos derechos por parte de los trabajadores cuyos requisitos de ejercicio y límites vienen contemplados normativamente, sin que tenga el juez necesidad de realizar la operación de ponderación que en otros casos se ve obligado a cumplir en atención a la modulación que sufren estos derechos por causa del contrato de trabajo" (Rojas Rivero, 2020, p. 166).

En las páginas siguientes se realiza un análisis jurídico de esta norma en relación con las directrices marcadas por la norma europea.

4. *La regulación legal de los "informantes"*

La Directiva (UE) 2019/1937 tiene como objeto establecer unas normas mínimas comunes para proteger a las personas que informen sobre determinadas infracciones del Derecho de la Unión y, además, facilita que se produzcan estas informaciones y articula el procedimiento para llevarlas a cabo. Con ello se pretende acabar con la dispersión normativa en la materia e incrementar el número de denuncias en aquellos ámbitos en los que es necesario reforzar la aplicación del derecho y en los que las infracciones cometidas pueden provocar graves perjuicios de interés público (Caro Catalán, 2021, pp. 2117 y 2118).

Esta misma finalidad es la que define el art. 1.1 LRPI: "*otorgar una protección adecuada frente a las represalias que puedan sufrir las personas físicas que informen sobre alguna de las acciones u omisiones a que se refiere el artículo 2, a través de los procedimientos previstos en la misma*". Conviene hacer en este momento dos puntualizaciones.

En primer lugar, debe aclararse que, aunque aparentemente la LRPI añade, respecto de la normativa europea, un requisito más para desplegar la protección, en tanto que la limita a las personas que utilicen para informar de las infracciones los procedimientos previstos en la propia disposición normativa, en realidad, esta limitación está igualmente presente en la Directiva (UE) 2019/1937, como más adelante tendré oportunidad de relatar.

En segundo lugar, debe matizarse que el objetivo obvio de la norma no es la de proteger al informante frente a las represalias, que también, lo que implica llevar a cabo la labor protectora una vez se ha producido la conducta represaliadora, sino prevenir y evitar las represalias. Como se ha advertido, "ello es así hasta el punto de que siendo el sistema interno de información el cauce preferente para informar sobre las infracciones, el denunciante puede dejar de utilizarlo y optar por informar ante la A.A.I. cuando considere que hay riesgo de represalia (art. 4.1). Es más, la evitación de la represalia se encuentra tan en la médula de la ley que el riesgo mismo trata de sortearse mediante la amplia admisión de la denuncia anónima (art. 7.3 para el canal interno; 17.1 para el externo). Se razona a este respecto en el Preámbulo que *«no hay mejor forma de proteger al que informa que garantizando su anonimato»*. Tratar de vulnerar dolosamente la garantía del anonimato constituye, de hecho, una infracción muy grave (art. 63.1)" (Gómez Abelleira, 2023, p. 1/4).

Pues bien, los procedimientos previstos en esta normativa son tres: canales internos, canales externos y la revelación pública y se aplican tanto al sector privado como público.

En cualquier caso, este estudio, en tanto que se lleva a cabo desde el marco de la disciplina jurídica del Derecho del trabajo, se va a centrar en los canales internos de denuncia en las organizaciones empresariales, al ser estos los que tienen mayor trascendencia en las relaciones laborales, lo que no quita que cuando sea necesario se tomen en consideración los canales externos y la revelación pública.

4.1. LOS CANALES DE DENUNCIAS INTERNOS Y SU IMPLANTACIÓN EN LAS EMPRESAS

El art. 8.1 de la Directiva (UE) 2019/1937 determina que los estados miembros deben velar "*para que las entidades jurídicas del sector público y privado implanten canales y procedimientos de denuncia internos y de seguimiento, previa consulta a los interlocutores sociales y de acuerdo con ellos cuando así lo establezca el Derecho nacional*".

En el caso de las entidades jurídicas del sector privado esta obligación se reserva para aquellas que tengan 50 o más trabajadores (art. 8.3), pero este límite no se tiene en cuenta en el caso de entidades que entren en el ámbito de aplicación del Derecho de la Unión en materia de servicios, productos y mercados financieros, prevención del blanqueo de capitales y financiación del terrorismo, seguridad del transporte o protección del medio ambiente (art. 8.4 y Anexo I.B y II). También estarán obligadas a contar con estos canales las entidades privadas con menos de 50 trabajadores que los Estados miembros decidan en atención "*a la naturaleza de las actividades de las entidades y el correspondiente nivel de riesgo, en particular, para el medio ambiente y la salud pública*" (art. 8.7). La norma no determina como debe computarse la dimensión personal de la empresa, pero como bien se ha apuntado existen herramientas a nivel comunitario, como la Recomendación de la Comisión, de 6 de mayo de 2003, sobre la definición de microempresas, pequeñas y medianas empresas (2003/361/CE) y la Guía del usuario (actualizada) para 2020 sobre la definición de PYME, que permiten "concretar en qué momento debe entenderse que la empresa cumple tal exigencia o delimitar qué trabajadores se computan y cuáles no" (de la Puebla Pinilla, 2023, p. 38)

El art. 10 LRPI lleva a cabo esta misma distinción, pero, al mismo tiempo, concreta algunos aspectos e incluye algunas diferencias:

Así, en primer lugar, debe hacerse notar que nuestro legislador ha decidido mantener la consulta previa con los interlocutores sociales. En este sentido, el art. 5.1 LRPI señala que la implantación del sistema interno de información requiere "*previa consulta con la representación legal de las personas trabajadoras*". Nada se dice sobre que el sistema deba ser negociado, la repercusión solo debe ser consultada a efectos de recabar su opinión, pero evidentemente nada impide que se negocien y se implantes conforme al pacto alcanzado.

En segundo lugar, la obligación se traslada a "*las personas físicas o jurídicas del sector privado que tengan contratados*

50 o más trabajadores" (art. 10.1.a LRPI), en contraposición a las "*entidades jurídicas*" a las que se refiere la Directiva. Esta última noción suele usarse como equivalente a la de "persona jurídica", en tanto que identifica a instituciones constituidas por una o más personas físicas con capacidad para obligarse jurídicamente, por lo que aparentemente la norma española determina un ámbito de aplicación más amplio.

En tercer lugar, para las entidades que entren en el ámbito de aplicación del Derecho de la Unión en materia de servicios, productos y mercados financieros, prevención del blanqueo de capitales y financiación del terrorismo, seguridad del transporte o protección del medio ambiente a las que se refiere y Anexo I.B y II de la Directiva (UE) 2019/1937 contempla una normativa específica que regulará los canales internos independientemente del número de trabajadores con que cuenten, aplicándose de forma subsidiaria las reglas previstas en LRPI. Además, se consideran incluidas en ellas a "*las personas jurídicas que, pese a no tener su domicilio en territorio nacional, desarrollen en España actividades a través de sucursales o agentes o mediante prestación de servicios es establecimiento permanente*" (art. 10.1.b).

Y, en cuarto lugar, se especifica que también contarán con estos canales internos, sin importar el número de trabajadores con que cuenten "*los partidos políticos, los sindicatos, las organizaciones empresariales y las fundaciones creadas por unos y otros, siempre que reciban o gestionen fondos públicos*" (art. 10.1.c LRPI). Se trata de una inclusión muy acertada, toda vez que como ya se ha señalado en este estudio el *whistleblowing* está muy relacionado con la necesidad de sacar a la luz y combatir corrupción política.

El hecho de que la obligación de implantar canales de denuncias se contemple, salvo excepciones, en empresas grandes, con 50 o más trabajadores, determina el estándar aplicable y se justifica por el hecho de que en la mediana y pequeña empresa su utilidad queda en entredicho, toda vez que en las mismas "los trabajadores suelen tener acceso directo a los órganos de dirección, apenas hay dispersión geográfica y medidas protectoras como la garantía de anonimato o confidencialidad no tienen demasiado sentido" (Ragués i Vallés, 2020, p. 4/14).

En cualquier caso, si una empresa que no está obligada a implantar un canal de denuncias, decide establecerlo deberá hacerlo conforme a los requisitos establecidos en esta normativa (art. 10.2 LRPI).

4.1.1. El objeto de la información y su veracidad

La Directiva (UE) 2019/1937 establece que la información denunciada debe versar sobre incumplimientos del Derecho de la Unión a los que se alude en el art. 2 y, además, tener expectativas de veracidad.

En este sentido, en el art. 6.1.a se condiciona la protección al hecho de que los denunciantes "*tengan motivos razonables para pensar que la información sobre infracciones denunciadas es veraz en el momento de la denuncia y que la citada información entra dentro del ámbito de aplicación de la presente Directiva*". Por tanto, se exigen dos requisitos: una expectativa razonable de veracidad y que la información se encuadre en el ámbito de aplicación objetivo de la Directiva. De esta manera, si no se cumplen estos dos requisitos el denunciante no gozará de las garantías previstas en la norma, por lo que los posibles conflictos que se deriven de su actuación se dirimirán al margen de esta.

Pues bien, la proyección de este requisito en la LRPI se formula en similares términos y con los mismos efectos en el art. 35.1.a, al condicionar el derecho a protección a que los informantes "*tengan motivos razonables para pensar que la información referida es veraz en el momento de la comunicación o revelación, aun cuando no aporten pruebas concluyentes, y que la citada información entra dentro del ámbito de aplicación de esta ley*".

4.1.1.1. El requisito objetivo de la información

El objeto de la información en la Directiva Europea tiene que cumplir dos requisitos. Por un lado, debe poder encuadrarse en alguno de los ámbitos materiales incluidos en la norma; y, por otro, lado, debe contradecir un acto normativo de la Unión. Los ámbitos materiales se describen en el art. art. 2.1 de la Directiva. En este sentido, en el art. 2.1.a se hace referencia a las infracciones del Derecho de la Unión en materia de contratación pública; de servicios, productos y mercados financieros; de prevención del blanqueo de capitales y financiación del terrorismo; de seguridad de los productos y conformidad; de protección del medio ambiente; de protección frente a las radiaciones y seguridad nuclear; de seguridad de los alimentos y los piensos, sanidad animal y bienestar de los animales; de la salud pública; de protección de los consumidores; de protección de la privacidad y de los datos personales; y de seguridad de las redes y los sistemas de información.

Por su parte, el art. 2.1.b incorpora al ámbito objetivo las infracciones que afecten a los intereses financieros de la Unión, en el sentido del art. 325 TFUE; y el art. 2.1.c a las infracciones relativas al mercado interior, de acuerdo con el art. 26.2 TFUE, incluyendo las relativas a las normas de la Unión en materia de competencia y ayudas otorgadas por los estados, así como las relativas a los actos que infrinjan las normas sobre el impuesto de sociedades o a prácticas cuya finalidad sea obtener una ventaja fiscal que desvirtúe el objeto y la finalidad dela legislación aplicable del impuesto sobre sociedades.

Se instaura de esta manera un ámbito de aplicación material muy amplio que incide prácticamente en todas las ramas del Derecho de la Unión (Caro Catalán, 2021, p. 2169), pero al mismo tiempo cerrado, en tanto que la norma establece un *numerus clausus* que, no obstante, puede configurarse de manera todavía más amplia si los Estados hacen uso de la habilitación que a tal fin concede el art. 2.2 de la Directiva.

El segundo factor para tener en cuenta es que la infracción debe contravenir un acto normativo de la Unión, esto es, una Directiva o un Reglamento y, a tal fin, en el Anexo de la Directiva se hace una detallada enumeración de la normativa concreta, cuya contravención da lugar a la protección del denunciante. Además, el entendimiento de esta normativa debe aplicarse de forma dinámica (Considerando 19 Directiva (UE) 2019/1937), por lo que se refiere también a las normas que en un futuro modifiquen o sustituyan a las relacionadas en la Directiva. Si esto ya obliga al potencial denunciante a poseer un grado de conocimiento del Derecho de la Unión bastante elevado, la delimitación de la infracción todavía se complica más si se tiene en cuenta que el Considerando 19 ya mencionado determina que "*dichos actos de la Unión definen a su vez su ámbito de aplicación material mediante remisión a actos de la Unión enumerados en sus anexos, dichos actos también forman parte del ámbito de aplicación material de la presente Directiva*". Así "el ciudadano debe conocer, no ya el ámbito de los actos enumerados en la Directiva 2019/1937, sino también el ámbito del acto al que, en su caso, se reenvía el acto enumerado en la Directiva 2019/1937" (Fernández Ramos, 2023, pp. 7/28 y 8/28). Y, para más inri, continua el considerando "*se debe entender que la remisión a los actos del anexo incluye todas las medidas delegadas y de ejecución nacionales y de la Unión que se hayan adoptado con arreglo a dichos actos*", lo que "supone que el ciudadano debe conocer también cuáles son las normas internas (en nuestro caso, a veces estatales y otras autonómicas, en función de la materia) que incorporan en cada momento las Directivas relacionadas en el Anexo". Se describe una delimitación del ámbito de aplicación sumamente compleja, que puede desincentivar la voluntad de denunciar del ciudadano y que seguramente debería haber requerido que la Directiva obligara a los Estados miembros a publicar una relación actualizada de las normas de transposición y aplicación de los actos relacionados en el Anexo de la Directiva como ha hecho la norma italiana de transposición (Fernández Ramos, 2023, p. 8/28)[12].

Más allá de esta compleja delimitación, lo cierto es que se trata en su mayoría de materias a las que los trabajadores pueden tener fácil acceso, lo que los convierte en sujetos idóneos para ejercer de informantes (de la Puebla Pinilla, 2023, p. 36).

Debe señalarse asimismo que las infracciones, en virtud del art. 5.1 Directiva (UE) 2019/1937, se entienden como las acciones u omisiones ilícitas y relacionadas con los ámbitos ya señalados o que desvirtúen el objeto o la finalidad de las normas establecidas en los actos y ámbitos de actuación referidos, es decir, se trata de un concepto muy amplio que se concreta por cualquier incumplimiento normativo, equiparándose a la antijuricidad, sin necesidad de que esté tipificada como infracción o delito (Fernández Ramos, 2023, p. 5/28).

Además, el art. 5.2 Directiva (UE) 2019/1937 extiende el concepto de infracción, no solo a las reales que ya se han producido, sino a las potenciales, es decir, las que muy probablemente puedan producirse. De todas maneras, la norma europea posibilita que los estados opten por restringir este amplio concepto de infracción en relación con aquellas que puedan considerarse menores o accesorias, permitiendo su archivo, sin perjuicio de los procedimientos aplicables para tratar la infracción denunciada y sin que

---

12 Sobre esta complejidad advirtió el Tribunal de Cuentas UE en el Informe 4/2018 sobre la Propuesta de Directiva del Parlamento Europeo y del Consejo relativo a la protección de las personas que informan sobre infracciones del Derecho de la Unión (apartado 12), señalando que "un posible denunciante tendrá que comprender si la infracción que desea notificar corresponde a un acto que figure en el anexo (posiblemente ya modificado y consolidado) para que puedan resultar de la protección otorgada por la Directiva y por la legislación nacional de transposición. Esta complejidad podría reducir la seguridad jurídica de los denunciantes potenciales y, en consecuencia, disuadirles de informar sobre infracciones del Derecho de la Unión".

ello afecte a la protección del denunciante (art. 11.3). España no ha optado por esta vía en relación con las infracciones del derecho de la UE, aunque como se ha señalado, "en la medida en que no se exime a los sujetos obligados y autoridades a brindar la protección que corresponda al informante, la virtualidad de esta excepción es muy limitada (prácticamente afecta al procedimiento de investigación)" (Fernández Ramos, 2023, p. 9/28).

La LRPI, por una parte, se refiere a todas estas infracciones en el art. 2.1.a y, haciendo uso de la prerrogativa para ampliar el ámbito material de aplicación, como había pronosticado algún autor (Caro Catalán, 2021, p. 2169; Lozano Cutanda, 2020, p. 3/10) y habían sugerido otros (Bogoni, 2019, p. 264; Todolí Signes, 2020, p. 113) incorpora en el art. 2.1.b las "*acciones u omisiones que puedan ser constitutivas de infracción penal o administrativa grave o muy grave. En todo caso se entenderán comprendidas todas aquellas infracciones penales o administrativas graves o muy graves que impliquen quebranto económico para la Hacienda Pública y para la Seguridad Social*". Parece evidente que la parte final del precepto es superflua, pues, evidentemente, las que impliquen este quebranto económico están ya incluidas en las primeras. Esta alusión podría justificarse como una forma de evidenciar la importancia que tiene promocionar y proteger las informaciones relativas a infracciones que incidan sobre el sistema de Seguridad Social (Del Rey Guanter, 2023b, p. 19).

Con esta ampliación, como señala la doctrina (Caro Catalán, 2021, p. 2180) y había advertido alguna organización[13], se evita el peso desproporcionado que hubieran tenido que soportar los alertadores, al verse obligados a llevar a cabo un juicio previo de subsunción del contenido de la denuncia para determinar si está incluida en el ámbito

---

13 Documento de Transparency International España. Disponible en: https://transparencia.org.es/wp-content/uploads/2021/02/ALEGACIONES-TI-E_CONSULTA-PU%CC%81BLICA-SOBRE-LA-TRANSPOSICION-DIRECTIVA-UE-2019_1937-FINAL.pdf

de aplicación establecido en la Directiva, al tiempo que se logra "prevenir y detectar todo tipo de prácticas ilícitas o delictivas e impedir que exista una protección fragmentada y parcial". Esta afirmación, no obstante, entiendo que sólo es cierta en relación con la ley estatal, puesto que en relación con el derecho de la UE sí que rige la doble premisa que, cono se ha señalado, determina que la infracción se encuadre en uno de los ámbitos materiales de la Directiva e implique un incumplimiento de un acto normativo de la UE.

Además, de esta manera, se integran en el ámbito material las informaciones referidas a infracciones del ordenamiento jurídico laboral o del "orden social", que no se encuentran entre las referidas en la Directiva europea. Efectivamente, entre las infracciones administrativas que pueden ser objeto de denuncia se encuentran aquellas con trascendencia laboral, especialmente las recogidas en el Real Decreto Legislativo 5/2000, de 4 de agosto, por el que se aprueba el texto refundido de la Ley sobre Infracciones y Sanciones en el Orden Social (LISOS), así como ciertos delitos de contenido laboral, como los delitos contra los derechos de los trabajadores regulados en los artículos 311 y ss. del Código Penal y el delito de acoso moral y acoso sexual en el trabajo recogidos en los arts. 173 y 184 de dicha norma.

Por lo demás, deben señalarse algunas diferencias en relación con estos dos ámbitos. La primera que las infracciones de la norma estatal no están restringidas a ámbitos concretos, por lo que frecuentemente existirá coincidencia, de manera que el delito o la infracción administrativa grave o muy grave implicará asimismo un incumplimiento del derecho del derecho de la UE.

La segunda que el concepto de infracción que se maneja en relación con el ordenamiento jurídico interno es más restringido, pues excluye las infracciones leves y otros incumplimientos que sí se incorporan a la mera transgresión de la normativa de la UE que rige en relación con Directiva. La doctrina ha manifestado que, aunque en principio esta opción de legislador es correcta, "este criterio debería completarse, que no sustituirse, tal como se contemplaba en el anteproyecto de ley, con otros incumplimientos aun cuando no sean constitutivos de infracción formal, pero que afecten o pongan en riesgo el interés general, incluyéndose, como mínimo, los hechos que pudieran ser constitutivos de corrupción, fraude, desviación de poder o malas praxis (que deberían ser, en tal caso, objeto de definición por el legislador)" (Fernández Ramos, 2023, p. 13/28).

La tercera que, así como para la transgresión del derecho de la UE se admiten denuncias sobre infracciones potenciales, esta posibilidad no se ha trasladado en relación con las infracciones del ordenamiento interno, por lo que se exige que el delito o la infracción administrativa se haya perfeccionado completamente (Fernández Ramos, 2023, p. 11/28; Sáez Hidalgo, 2023).

Por otro lado, en relación con las posibles infracciones de la normativa laboral también deben tenerse en cuenta algunas cuestiones. La primera se refiere a la complementariedad de la protección que dispensa la norma cuando la información se refiera a infracciones en materia de seguridad y salud en el trabajo con la que proporciona su normativa específica (art. 2.2 LRPI). Para dar sentido a este precepto hay que traer a colación que, como se ha advertido un poco antes, las informaciones referidas al ordenamiento jurídico laboral de la UE no se encuentran incluidas en el ámbito material de la Directiva. Por ello, en el Considerando 21 se señala que "*la presente Directiva debe entenderse sin perjuicio de la protección otorgada a los trabajadores cuando informen sobre infracciones del Derecho de la Unión en materia laboral. En particular, en el ámbito de la salud y la seguridad en el trabajo, el artículo 11 de la Directiva 89/391/CEE del Consejo ya obliga a los Estados miembros a velar por que los trabajadores o los representantes de los trabajadores no sufran perjuicios a causa de sus peticiones o propuestas a los empresarios para que tomen medidas adecuadas para paliar cualquier riesgo para los trabajadores o eliminar las fuentes de riesgo. Los trabajadores y sus representantes tienen derecho en virtud de esa Directiva a plantear cuestiones ante la autoridad competente si consideran que las medidas adoptadas y los medios utilizados por el empresario no son suficientes para garantizar la seguridad y la salud en el trabajo*". Es decir, la norma europea se preocupa de dejar claro que la no inclusión del orden social en su ámbito material no debe conllevar desprotección para los trabajadores que denuncien incumplimientos de esta normativa, especialmente en el ámbito de la prevención de riesgos laborales, creando una complementariedad entre ambos espacios de protección: el determinado por la Directiva y el propio laboral. Pues bien, la norma española al incluir el ámbito laboral en el objeto de protección ha mantenido esta complementariedad, recalcando así la importancia que tiene todo lo relacionado con la protección de la salud laboral. En todo caso, no debe desprenderse de esta forma de proceder del legislador la existencia de un canal de denuncias propio para informar de estas materias, al margen de la pertinente denuncia ante la Inspección de Trabajo. Como se ha señalado, seguramente se quiere remarcar que la coexistencia de la protección que dispensa la LRPI con la que se desprende la Ley de Protección de Riesgos Laborales en aspectos como la paralización de la actividad productiva en caso de riesgo inminente a la que se refiere el art. 21 o a las facultades de los delegados de prevención previstas en el art. 36 (Del Rey Guanter, 2023b, p. 21).

La segunda, que se incluye en el ámbito material la información sobre incumplimientos o infracciones de las cláusulas normativas de los convenios colectivos estatutarios por efecto del art. 5.1 LISOS (Del Rey Guanter, 2023a, pp. 19-20).

Y la tercera que la creación de estos canales de información para estas infracciones no puede entenderse que anula la competencia que posee el comité de empresa, por mor de lo dispuesto en el artículo 64.7.a ET, "*de vigilancia en el cumplimiento de las normas vigentes en materia laboral, de seguridad social y de empleo, así como del resto de los pactos, condiciones y usos de empresa en vigor, formulando, en su caso, las acciones legales oportunas ante el empresario y los organismos o tribunales competentes*".

Por otra parte, en el art. 2.2 LRPI se deja claro, que estos procedimientos y la protección que despliegan no excluyen la aplicación relativa de las normas del proceso penal, en especial las diligencias de investigación. Es decir, esta regulación no anula el derecho a la investigación del Estado, de hecho, como determina el art. 9.2.j LPRI, si los hechos informados pueden ser constitutivos de delito debe trasladarse la información con carácter inmediato al Ministerio Fiscal.

En cuanto a las exclusiones, el art. 2.4 LRPI señala, al igual que la Directiva (art. 3.3), que la norma no se aplica a "*las obligaciones que resultan de la protección del secreto profesional de los profesionales de la medicina y de la abogacía, del deber de confidencialidad de las Fuerzas y Cuerpos de Seguridad en el ámbito de sus actuaciones, así como del secreto de las deliberaciones judiciales*". Además, en atención al art. 2.5 LRPI tampoco se aplica la ley a "*las informaciones relativas a infracciones en la tramitación de procedimientos de contratación que contengan información clasificada o que hayan sido declarados secretos o reservados, o aquellos cuya ejecución deba ir acompañada de medidas de seguridad especiales conforme a la legislación vigente, o en los que lo exija la protección de intereses esenciales para la seguridad del Estado*".

Por otro lado, aunque se configuran como supuestos excluidos de protección, también delimitan de forma negativa el ámbito material de la ley las comunicaciones recogidas en el art. 35.2 LRPI que afecten a: "*informaciones contenidas en comunicaciones que hayan sido inadmitidas por algún canal interno de información o por alguna de las causas previstas en el artículo 18.2.a); b) Informaciones vinculadas a reclamaciones sobre conflictos interpersonales o que afecten únicamente al informante y a las personas a las que se refiera la comunicación o revelación; c) Informaciones que ya estén completamente disponibles para el público o que constituyan meros rumores*"; y "*d) Informaciones que se refieran a acciones u omisiones no comprendidas en el artículo 2*".

En este momento, interesa detenerse en dos cuestiones. En primer lugar, sobre la evidente exclusión de las informaciones que no se integren en el ámbito material de la norma que queda expresada en el apartado d) y también en el mencionado art. 18.2.a LRPI que regula el trámite de admisión de las comunicaciones mediante el canal externo de la Autoridad Independiente de Protección del Informante (A.A.I). En este trámite se puede inadmitir la comunicación, entre otros motivos, "*cuando los hechos relatados no sean constitutivos de infracción del ordenamiento jurídico incluida en el ámbito de aplicación de esta ley*".

En segundo lugar, debe situarse en contexto la exclusión de los conflictos interpersonales. La posibilidad de excluir este tipo de informaciones se recoge en el Considerando 22 de la Directiva (UE) 2019/1937, que, en este sentido, señala que "los *Estados miembros podrían decidir que las denuncias relativas a reclamaciones interpersonales que afecten exclusivamente al denunciante, a saber, reclamaciones sobre conflictos interpersonales entre el denunciante y otro trabajador, puedan ser canalizadas hacia otros procedimientos*", preservando de esta manera el procedimiento de denuncias para cuestiones que afecten al interés general y no a motivos personales. Sin embargo, si se compara la redacción, lo que en la Directiva se formula como una única excepción, en la normativa española se formula como una alternativa, lo que ha llevado a la doctrina a señalar que esta excepción debe interpretarse en el sentido estricto de la Directiva (Fernández Ramos, 2023, p. 11/28). Coincido en dicha interpretación, pues, en otro caso, podría llegar a plantearse que algunos supuestos de acoso laboral no tuvieran acceso a esta vía de denuncias, por afectar únicamente al denunciante y a otro trabajador. De hecho, la noción de conflicto interpersonal sirve para establecer la frontera entre los conflictos sociales sin trascendencia en el orden sancionador privado (poder disciplinario) o público (infracciones administrativas y delitos). En este sentido, se alude a los mismos como las controversias entre dos o más personas que no alcanzan el grado de infracciones graves o muy graves o delitos, incluso si la conducta o la acción por una de las partes —o las dos— pueden ser consideradas como reprensibles. Pero quedan fuera de dicho concepto supuestos de acoso en sus distintas dimensiones —moral, laboral, sexual…—, dado que trasciende el conflicto meramente entre dos personas —o entre la persona acosadora y un conjunto de personas acosadas—, para introducirse en el terreno de la (eventual) violación de derechos fundamentales" (Rodríguez-Piñero y Bravo-Ferrer & Del Rey Guanter, 2023). Por tanto, aunque algún autor parece discrepar (Piqueras García, 2023, pp. 14 y 30 y ss.), si este tipo de hechos constituye una infracción grave o muy grave o un delito supera el ámbito del conflicto interpersonal y podrá ser objeto de denuncia por esta vía.

Otra exclusión contemplada en ambas normas (art. 3.1 Directiva (UE) 2019/1937 y art. 2.6 LRPI) es la referida a la información o revelación pública de infracciones referidas en el Anexo II de la Directiva, para las que se seguirá su normativa específica.

Finalmente, si bien en la norma española no se menciona, debe entenderse aplicable la exclusión referida en el art. 3.4.d la Directiva (UE) 2019/1937 a las normas nacionales relativas "*al ejercicio del derecho de los trabajadores a consultar a sus representantes o sindicatos frente a posibles medidas perjudiciales injustificadas derivadas de tales consultas o a la autonomía de los interlocutores sociales y su derecho a celebrar convenios colectivos*".

En cualquier caso, para que se despliegue la protección del informante no se exige a éste que posea un conocimiento detallado sobre la inclusión del objeto de la información en este ámbito, sino que razonablemente crea que es así. Como señala el Considerando 32 de la Directiva (UE) 2019/1937, "*los denunciantes deben tener derecho a protección en virtud de la presente Directiva si tienen motivos razonables para creer que la información comunicada entra dentro de su ámbito de aplicación*".

4.1.1.2. Los requisitos subjetivos de la información: la veracidad, la licitud y la intencionalidad

El requisito de una veracidad razonable de la información permite, como se explica en el Considerando 32 Directiva (UE) 2019/1937, "*una salvaguardia esencial frente a denuncias malintencionadas, frívolas o abusivas, para garantizar que quienes, en el momento de denunciar, comuniquen deliberada y conscientemente información incorrecta o engañosa no gocen de protección*". Pero, al mismo tiempo, también se señala, y, en mi opinión, esto es crucial, que "*el requisito garantiza que la protección no se pierda cuando el denunciante comunique información inexacta sobre infracciones por error cometido de buena fe*".

Por tanto, como se ha visto, se perfecciona cuando el informador tiene motivos razonables para pensar que la información es veraz, lo que conecta a su vez con la buena fe del denunciante y el requisito de razonabilidad o el necesario conocimiento razonable de la infracción, con base en el cual se otorga protección jurídica a quien "ha actuado en error, informando una irregularidad que creía realmente existente (lo que implica que ha actuado conforme a ciertos deberes de cuidado" (Bermejo, 2020, p. 12/23).

Esta formulación del derecho a la protección conecta con la, ya citada, "expectativa de veracidad" formulada por el Tribunal Constitucional en relación con el derecho de información. Al respecto, la STC 6/1988, de 21 de enero, señala que "*cuando la Constitución requiere que la información sea «veraz» no está tanto privando de protección a las informaciones que puedan resultar erróneas —o sencillamente no probadas en juicio— cuanto estableciendo un específico deber de diligencia sobre el informador, a quien se le puede y debe exigir que lo que transmita como «hechos» haya sido objeto de previo contraste con datos objetivos, privándose, así, de la garantía constitucional a quien, defraudando el derecho de todos a la información, actúe con menosprecio de la veracidad o falsedad de lo comunicado. El ordenamiento no presta su tutela a tal conducta negligente, ni menos a la de quien comunique como hechos simples rumores o, peor aún, meras invenciones o insinuaciones insidiosas, pero si ampara, en su conjunto, la información rectamente obtenida y difundida, aun cuando su total exactitud sea controvertible. En definitiva, las afirmaciones erróneas son inevitables en un debate libre, de tal forma que, de imponerse «la verdad» como condición para el reconocimiento del derecho, la única garantía de la seguridad jurídica sería el silencio*". Así, no se necesita una demostración plena de la verdad, basta con aportar indicios significativos de que se ha llevado a cabo una comprobación objetiva que ha generado certeza al trabajador. Se exige una actuación diligente que, según se señala, no debe confundirse con el ejercicio legítimo del derecho. Esto sólo ocurrirá cuando lo comunicado coincida con la realidad de lo acontecido. No obstante, se entiende que la actuación diligente esta próxima al ejercicio legítimo y requiere protección para evitar que se desaliente el ejercicio legítimo de la libertad de información (Aparicio Aldana, 2020, p. 42 y ss. y 74 y ss.).

La doctrina coincide en que no se exige una veracidad absoluta, sino que basta con que el informador crea de buena fe que los hechos objeto de la comunicación son ciertos, aunque finalmente se constate que no lo son, por lo que sólo se excluye de protección a quien comunica hechos inexactos de forma deliberada (Blázquez Agudo, 2019; Lozano Cutanda, 2020; Martínez Saldaña et al., 2019, p. 47; Nieto Rojas, 2019). En este sentido, el art. 5.2 Directiva (UE) 2019/1937 incluye en la información protegida las "sospechas razonables".

En contraposición, otro elemento que va a determinar que la información comunicada no merezca ser protegida es el concreto comportamiento del sujeto informante para acceder a ella. En este sentido en diversas partes del Preámbulo abordan estos aspectos, señalando la necesidad de proteger a las personas afectadas por la información frente "*a la información, aun con aparentes visos de veracidad,* (que) *haya sido manipulada, sea falsa o responda a motivaciones que el Derecho no puede amparar*", así como la exclusión de protección en relación con aquellas informaciones falsas, tergiversadas o "*que se han obtenido de manera ilícita*".

Respecto a estas dos cuestiones merece la pena detenerse en el ya mencionado art. 18 LRPI, sobre el trámite de admisión de las comunicaciones ante la A.A.I. De acuerdo con lo establecido en el apartado 2.a, serán también inadmitidas las comunicaciones sobre hechos que carezcan de toda verosimilitud, que carezcan manifiestamente de fundamento o que contengan indicios racionales de haberse obtenido mediante la comisión de un delito. Pese a que este precepto se refiere al canal externo de denuncias, su contenido es igualmente válido para determinar la inadmisión de la comunicación presentada en un canal interno, como para excluir el ejercicio legítimo del derecho a la información al que se refiere el art. 28.2 LRPI (Del Rey Guanter, 2023b, p. 22).

Para finalizar el análisis subjetivo de la información y tomando en consideración la posibilidad recientemente anunciada de que no proteger a las personas que informen por motivaciones que el Derecho no puede amparar, quiero referirme que eventualmente, más allá de los supuestos de acceso ilícito o delictivo a la información, deban tomarse en cuenta otro tipo de motivaciones. en relación con el derecho a la protección debe señalarse que el, ya mencionado, Considerando 32 de la Directiva (UE) 2019/1937, también señala que "*los motivos de los denunciantes al denunciar deben ser irrelevantes para determinar si esas personas deben recibir protección*". Se está pensando en el hecho de que el denunciante actúe de forma vengativa o buscando su propio beneficio, tanto económico (incentivos, recompensas), como penal (aplicación de atenuantes penales o incluso la no imputación delictiva).

Sobre estas consideraciones, sin embargo, nada se dice en la parte dispositiva de la Directiva, ni en la LRPI. No obstante, como acabamos de mencionar, en el Preámbulo de esta última norma se relata que, para que se despliegue la protección del informante, se requiere la existencia de buena fe, lo que se equipara con un comportamiento cívico y también con "*la conciencia honesta de que se han producido o pueden producirse hechos graves perjudiciales*"; y estas expresiones podrían dar a entender que hay que excluir de protección a quien actúa por motivos no altruistas o poco éticos.

No creo que sea el caso. Por una parte, hay que tener en cuenta que la legislación española contempla la obligación de denunciar los delitos de los que se tiene conocimiento. "España es uno de los pocos países del mundo en el que denunciar delitos no es solamente una facultad que se reconoce a los ciudadanos, sino una auténtica obligación jurídica que se prevé en los arts. 259 y 264 LECrim. Dicha obligación solo se cumple poniendo los hechos delictivos de los que se tiene conocimiento ante las autoridades judiciales, fiscales o policiales y, aunque la sanción de su incumplimiento sea simbólica (la multa no llega a los dos euros cuando se trata de un testigo directo y no existe sanción siquiera si el testigo es de referencia) y en la práctica nunca se imponga, lo cierto es que, mientras permanezcan vigentes dichos preceptos, nada podrá reprocharse, sino todo lo contrario, a quien acuda en primer término a las autoridades. El cumplimiento de la obligación de promover la denuncia interna debería llevar a la supresión de estos preceptos, cuya incidencia práctica es irrelevante, máxime teniendo en cuenta el deber de información de posibles incumplimientos que el art. 31 bis CP ya impone a los empleados respecto de su propia empresa, una obligación, por cierto, que obedece a una decisión estrictamente española, puesto que la Directiva no establece tales deberes" (Ragués i Vallés, 2020, pp. 4/14 y 5/14) y que, al implementarse el canal de denuncias, la organización puede configurar la denuncia como una obligación sometida, incluso, a sanciones disciplinarias, por lo que en esta situación de "obligación de denunciar" no cabe tener en cuenta los posibles motivos que llevan al *whistleblower* de informar de las irregularidades.

Relacionado con la motivación de la información también hay que decir algo sobre los posibles premios o recompensas que puedan incentivar las denuncias, habituales en el mundo anglosajón. En relación con estas actuaciones, el Considerando 30 de la norma europea dispone que "*la presente Directiva no debe aplicarse en casos en los que personas que, habiendo prestado su consentimiento informado, hayan sido identificadas como informantes o registradas como tales en bases de datos gestionadas por autoridades designadas a nivel nacional, como las autoridades aduaneras, y que informen sobre infracciones ante las autoridades responsables de aplicar el Derecho a cambio de una compensación o recompensa. Dicha información se comunica de conformidad con procedimientos específicos que tienen como objetivo garantizar el anonimato de esas personas para proteger su integridad física, y que son distintos de los canales de denuncia que establece la presente Directiva*".

Como puede observarse, en realidad no se excluye la protección a quienes denuncian por estos procedimientos, sino que la misma se deriva a la que se establezca en su normativa específica. Como en el caso anterior, ni la parte dispositiva de la Directiva ni la norma española atienden a estas circunstancias. En cualquier caso, lo cierto es que, entre la doctrina, este tipo de beneficios no tienen buena acogida y suele ponerse el acento, no en el premio, sino en la defensa de los valores éticos, democráticos e institucionales (Caro Catalán, 2021, p. 2188).

4.1.2. El procedimiento de denuncias interno

De acuerdo con lo señalado en el Considerando 3 de la Directiva (UE) 2019/1937, las normativas nacionales deben potenciar la creación de canales efectivos, confidenciales y seguros y en el art. 9 se establece como será dicho procedimiento de denuncias y su seguimiento.

4.1.2.1. Órganos encargados de implantar y gestionar los procedimientos

En el art. 8.5 de la Directiva europea se hace una limitada referencia a los órganos encargados de implantar y gestionar los canales de denuncias internos, posibilitando que se gestionen internamente, mediante una persona o departamento designado al efecto; o bien que se externalice la gestión y se encomiende a un tercero. Sobre esta última posibilidad el Considerando 54 determina que "*dichos terceros pueden ser proveedores de plataformas de denuncia externa, asesores externos, auditores, representantes sindicales o representantes de los trabajadores*".

En cualquier caso, en el art. 8.5 también se deja claro que, tanto la gestión interna, como la externa están sometidas a las mismas salvaguardas y requisitos previstos en el art. 9 y por tanto deben cumplir con la exigencia de imparcialidad y diligencia en el seguimiento (art. 9.1.c y d)

La LRPI es más prolija en cuanto a la determinación de los sujetos y órganos que intervienen en la implantación y gestión del "Sistema interno de información".

Así, en primer lugar, se distingue entre el "Responsable de implantar el Sistema interno de información" y el "Responsable del Sistema".

Por una parte, el responsable de implantar el Sistema interno de información, de acuerdo con el art. 5, será el órgano de administración u órgano de gobierno de cada entidad u organismo obligado por la ley y, además, detentará la condición de responsable del tratamiento de datos personales de conformidad con la normativa aplicable [Reglamento (UE) 2016/679, de 27 de abril de 2016, relativo a la protección de las personas físicas en lo que respecta al tratamiento de datos personales y a la libre circulación de estos datos y LOPDGDD]. Evidentemente, aunque no se explicite, si el titular de la organización es una persona física, será esta la responsable de la implantación del Sistema y del tratamiento de datos personales.

Además, también aprueba el procedimiento de gestión de la información (art. 9.1 LRPI), lo que, a su vez, implica decidir si la gestión se lleva a cabo por la propia entidad u organismo o acudiendo a un tercero externo (art. 6.1 LRPI); y elige al "Responsable del Sistema", que podrá ser una persona física o un órgano colegiado (art. 8.1 y 2 LRPI), cuya designación es obligada (art. 5.2.g LRPI).

Por otra parte, el "Responsable del Sistema" se encarga de la gestión del Sistema. Como se ha anunciado, esta responsabilidad puede recaer en una persona física o en un órgano colegiado, en cuyo caso este deberá delegar en uno de sus miembros las facultades de gestión (art. 8.2 LRPI).

La responsable persona física o la persona delegada "*será un directivo de la entidad, que asumirá exclusivamente dichas funciones y que ejercerá su cargo con independencia del órgano de administración o de gobierno de la misma*" (art. 8.5 LRPI). En el mismo precepto se establece que, "*cuando la naturaleza o la dimensión de las actividades de la entidad no justifiquen o permitan la existencia de un directivo Responsable del Sistema, será posible el desempeño ordinario de las funciones del puesto o cargo con las de Responsable del Sistema, tratando en todo caso de evitar posibles situaciones de conflicto de interés*". Esta previsión normativa, también presente en la Directiva europea (Considerando 56), se justifica por el ánimo presente en la ley de evitar, en la medida de lo posible, costes a las empresas en el proceso de implantación de los canales de denuncias (de la Puebla Pinilla, 2023, p. 40).

La actuación independiente del responsable respecto del órgano que lo nombra se recalca al señalar que "*deberá desarrollar sus funciones de forma independiente y autónoma respecto del resto de los órganos de organización de la entidad u organismo*" (art. 8.4 LRPI).

En relación con esta figura se echa en falta en la LRPI un conjunto de garantías a fin de protegerlo de posibles injerencias en su actuación, pues es evidente que la tramitación del procedimiento puede llevarle a adoptar decisiones o tomar medidas que pueden acarrear sanciones para la empresa, sus órganos de gobierno o sus directivos y, por tanto, puede estar sometido a presiones por parte de la empresa. Coincido, en este sentido, con la doctrina (de la Puebla Pinilla, 2023, p. 40) que ha defendido que debería haberse dotado al responsable del sistema de un estatus similar al que tiene el delegado de protección de datos en la LPDPGDD. En este sentido, el art. 36.2 de esta norma determina que, "*cuando se trate de una persona física integrada en la organización del responsable o encargado del tratamiento, el delegado de protección de datos no podrá ser removido ni sancionado por el responsable o el encargado por desempeñar sus funciones salvo que incurriera en dolo o negligencia grave en su ejercicio. Se garantizará la independencia del delegado de protección de datos dentro de la organización, debiendo evitarse cualquier conflicto de intereses*". Cabe esperar que desde instancias judiciales se atribuya a estos sujetos alguna protección adicional, como la dispensada a los delegados de protección de datos a los que se les ha reconocido el derecho de opción entre readmisión o indemnización en caso de despido improcedente, por analogía con la figura de las personas trabajadoras integrantes de los servicios de prevención, (STSJ, Social, Madrid de29 de diciembre de 2021, Rec. 476/2021).

4.1.2.2. El Sistema interno de información

El art. 5.2 LRPI señala las características que todo Sistema interno de formación debe reunir, cualquiera que sea la fórmula de gestión elegida, por lo que se aplican también cuando se externaliza su gestión a un tercero.

Algunas de estas previsiones son de carácter genérico, mientras que otras parecen aludir al canal interno, esto es, al buzón o cauce para recepción de la información, por lo que se tratarán en dicho momento.

De esta manera, en primer lugar, se señala que el Sistema debe ser idóneo para permitir el cumplimiento del ámbito objetivo y subjetivo de la norma (art. 5.2.a LRPI). Con ello se cumple con el principio de efectividad referido en el Considerando 3 de la Directiva europea. En relación con este mismo principio se establece que se debe "*garantizar que las comunicaciones presentadas puedan tratarse de manera efectiva dentro de la correspondiente entidad u organismo con el objetivo de que el primero en conocer la posible sea la propia entidad u organismo*" (art. 5.2.e LRPI). No debe olvidarse que la existencia de estos protocolos de autorregulación en las organizaciones no limita la capacidad del Estado para investigar estos ilícitos, por lo que el hecho de que la entidad sea la primera en conocer de ellos le permite corregir las deficiencias y acomodar su funcionamiento a la legalidad, evitando males mayores. Finalmente, también puede relacionarse con el principio de efectividad la necesidad de que el Sistema interno establezca las garantías para la *"protección de los informantes en el ámbito de la propia entidad u organismo, respetando, en todo caso, lo dispuesto en el artículo 9"* (5.2.j LRPI).

En segundo lugar, de acuerdo con el art. 9.1.a de la Directiva (UE) 2019/1937, la norma española requiere que su diseño y gestión garantice la confidencialidad de la identidad de las personas implicadas en la información, del informante y de cualquier tercero, así como de las actuaciones que se realicen en su tramitación, la protección de datos y el acceso de personal no autorizado (art. 5.2.b LRPI). Debe hacerse notar que, aunque no se mencione, salvo que se entienda que están considerados entre los posibles terceros, se debe velar igualmente por la confidencialidad de la identidad y la protección de datos de los denunciados.

En tercer lugar, el Sistema interno deberá "*integrar los distintos canales internos de información que pudieran establecerse dentro de la entidad*" (5.2.d LRPI) y "*contar con un procedimiento de gestión de las informaciones recibidas*" (5.2.i LRPI). Evidentemente, el artículo se refiere a los distintos sistemas de comunicación de las infracciones referidas en la norma, pero cabría pensar incluso si también se extiende a otros canales de información en relación con otros ilícitos, como pudieran ser los protocolos de acoso. Al mismo tiempo se exige que sean independientes y se diferencien de los "*sistemas internos de información de otras entidades u organismos*", sin que ello afecte a la posibilidad que la norma ofrece, con el fin de minimizar las cargas empresariales, de que las empresas entre 50 y 250 trabajadores unan esfuerzos y compartan el Sistema interno de información y los recursos destinados a su gestión, tanto en el caso de gestión por la entidad como en el de externalización a un tercero (5.2.f LRPI). Además, en el caso de grupos de sociedades también se prevé unificar ciertos aspectos del procedimiento, de manera que se apruebe una política general relativa al Sistema interno de información para todo el grupo, y se pueda optar por un único Responsable del sistema y un único Sistema de información (art. 11 LRPI). Por tanto, la unificación no alcanza a los canales internos que deberán ser propios de cada empresa que integra el grupo. En este sentido el Grupo de expertos de la Comisión Europea (E03709) sobre la Directiva (UE) 2019/1937 ha señalado que debe garantizarse la accesibilidad y proximidad de los canales internos de denuncia a los trabajadores y, por ello, la utilización de recursos compartidos se refiere a los sistemas para recibir las informaciones y también para realizar las investigaciones, reduciendo los costes y logrando economías de escala, ayudando así a las pequeñas y medianas empresas a cumplir sus obligaciones en relación con la creación de canales internos (de la Puebla Pinilla, 2023, p. 42).

En cuarto lugar, se requiere contar una política o estrategia adecuada y debidamente publicitada (art. 5.2.h LRPI). La manera en que se debe publicitar la información sobre estos canales de información se encuentra regulada en el art. 25 LRPI. En el mismo se dispone que deberá ser clara y accesible y, en caso de publicitarse a través de una web, la información deberá encontrarse en la página de inicio en sección separada y fácilmente identificable.

4.1.2.3. Canal interno de información y gestión de la información

Como se ha señalado en el epígrafe anterior se entiende por canal el buzón o cauce elegido para la recepción de la información y está regulado en el art. 7 LRPI.

En relación con el mismo la Directiva (UE) 2019/1937 permite que la formalización de la denuncia se lleve a cabo "*por escrito o verbalmente, o de ambos modos. La denuncia verbal será posible por vía telefónica o a través de otros sistemas de mensajería de voz y, previa solicitud del denunciante, por medio de una reunión presencial dentro de un plazo razonable*" (art. 9.2).

En este mismo sentido, el art. 5.2.c LRPI señala que deberá permitir que se presenten comunicaciones por escrito o verbales, o de ambos modos. Esta previsión se reitera en el art. 7.2 LRPI, añadiendo que "*la información se podrá realizar bien por escrito, a través de correo postal o a través de cualquier medio electrónico habilitado al efecto, o verbalmente, por vía telefónica o a través de sistema de mensajería de voz. A solicitud del informante, también podrá presentarse mediante una reunión presencial dentro del plazo máximo de siete días*". Además, se establece la necesidad de trasladar al informante, en caso de que vaya a ser grabada su comunicación, la normativa correspondiente al tratamiento de sus datos; la determinación del lugar de recibir las notificaciones; la manera de documentar las comunicaciones; y la posibilidad de comprobar, rectificar y aceptar mediante su firma la transcripción del mensaje.

Asimismo, la necesaria transparencia en relación con todos estos procedimientos determina que, tanto en la Directiva (UE) 2019/1937 (art. 9.1.g), como en la LRPI (art. 7.2) se exija que quienes utilicen los canales internos reciban en todo caso información clara y accesible sobre los procedimientos de información externos y sobre los órganos competentes para tramitarlos.

Debe señalarse también que el art. 7.3 LRPI posibilita la presentación y posterior tramitación de comunicaciones anónimas, cuestión que se retomará más adelante en relación con la delimitación de los sujetos protegidos.

Finalmente, el 7.4 LRPI establece que estos canales internos pueden habilitarse también para otras comunicaciones distintas a las que delimitan el ámbito objetivo de la ley, "*si bien dichas comunicaciones y sus remitentes quedan fuera del ámbito de protección dispensado por la norma*".

La gestión de esta información se lleva a cabo por el Responsable del Sistema, quien deberá garantizar una tramitación diligente (art. 9.1 LRPI). Con ello se da cumplimiento a la Directiva (UE) 2019/1937, que en relación con esta cuestión incide en la necesidad de designar a la persona u órgano imparcial competente para llevar a cabo de forma diligente el seguimiento de las denuncias, incluidas, en su caso, las denuncias anónimas (art. 9.1.c, d y e).

De igual modo, de acuerdo con la Directiva europea, para garantizar la efectividad del procedimiento, el proceso debe ser rápido, para lo que se establece un plazo de 7 días para cursar acuse de recibo de la denuncia (art. 9.1.b) y otro no superior a tres meses para dar respuesta a contar desde el acuse de recibo o desde la finalización del plazo de 7 días para cursar el mismo (art. 9.1.f).

Estas garantías constituyen los principios y el contenido mínimo del procedimiento de gestión regulado el art. 9.2 LRPI. La norma se preocupa en detallar los derechos que corresponden a la persona afectada por la información: derecho a recibir información de las acciones u omisiones que se le imputan y a ser oído (art. 9.2.f LRPI); garantía de confidencialidad por parte del personal que recibe la información (art. 9.2.g LRPI); derecho a la presunción de inocencia y al honor (art. 9.2.h LRPI); y derecho a la protección de datos personales (art. 9.2.i LRPI).

Además, en caso de que los hechos que contenga la información puedan ser indiciarios de la comisión de un delito deberá trasladarse dicha información al Ministerio Fiscal o a la Fiscalía Europea si afectan a los intereses financieros de la Unión europea (art. 9.2.j LRPI).

Aunque no lo señale la Directiva, parece lógico que estos procedimientos internos de denuncias, al igual que suele ser habitual en los protocolos de acoso que se han desarrollado al hilo de la LOI, establezcan medidas cautelares durante el proceso de investigación para evitar, por ejemplo, el acoso del informante o para suspender de empleo y sueldo, si lo prevé el CC aplicable, al infractor para facilitar la investigación (Blázquez Agudo, 2019, p. 571; Martínez Saldaña et al., 2019, p. 35). En realidad, las medidas cautelares que tienen como finalidad evitar perjuicios para el informante vendrían obligadas por la garantía de evitar represalias objetivo de la norma.

4.1.2.4. La gestión por terceros externos

Como he tenido ocasión de mencionar, tanto la Directiva como la norma española permite la gestión externa del *whistleblowing* a través de servicios especializados para recibir, gestionar y procesar las denuncias de irregularidades.

De hecho, la complejidad de los canales de *whistleblowing* internos ha dado lugar a la aparición de profesionales que ofrecen un asesoramiento especializado (García-Moreno García de la Galana, 2018, p. 45; Hurson, 2017). Otro motivo de peso para las empresas para acudir a estos servicios es el económico. "Cumplir el deber de informar supone incurrir en importantes costes de organización que se incrementan de forma directa con la complejidad organizacional de la institución" (Bermejo, 2020, p. 4/23). Además, si no se implementan adecuadamente pueden perjudicar a productividad, la innovación y la cultura de la legalidad de la organización y crear un clima de desconfianza económicamente contra productivo que puede dar lugar a falsas acusaciones o a estrategias de revelamiento de secretos protegidos legalmente (Engelhart, 2018, p. 28).

En consecuencia, los servicios externos se convierten en una opción real para las empresas que también tiene ventajas desde la perspectiva del potencial infórmate, ya que el tratamiento de las denuncias por servicios ajenos a las empresas puede percibirse como más seguros y confidenciales y ahuyentar el temor a represalias.

En cualquier caso es importante recalcar algunas imposiciones normativas si se opta por esta posibilidad: la recepción de informaciones por estas entidades especializadas requiere garantizar adecuadamente el de respeto de la independencia, la confidencialidad, la protección de datos y el secreto de las comunicaciones (art. 6.2 LRPI); y no podrá suponer un menoscabo de las garantías y requisitos previstos legalmente, ni la atribución de responsabilidad a persona distinta del Responsable del Sistema (art. 6.3 LRPI).

En este sentido, las personas físicas que integran estos servicios deben contar con la adecuada formación y disponer de los medios y autoridad suficientes para poder desarrollar sus funciones con total independencia (Ayala González, 2020, p. 279).

4.2. SUJETOS PROTEGIDOS

La Directiva (UE) 2019/1937 define a los sujetos protegidos de forma bastante amplia, pues, además de los trabajadores de la organización, pueden actuar como informadores otros muchos sujetos vinculados a la entidad infractora. Así, el art. 4.1 de esta disposición normativa se refiere a las personas que trabajen en el sector público o privado que hayan obtenido información sobre infracciones en un contexto laboral.

La expresión "contexto laboral" puede entrañar algún problema interpretativo, pues podría indicar que, aunque la persona que informa de la infracción no requiere ser trabajador por cuenta ajena la información sí debe estar vinculada con dicho ámbito. Sin embargo, la Directiva usa esta expresión de forma mucho más amplia, equiparándola a cualquier contexto en el que existe una relación de intercambio de servicios del tipo que sea.

La Directiva justifica esta extensión del ámbito subjetivo en algunos de sus considerandos con el fin de abarcar al máximo número de personas que pueden conocer y denunciar una infracción y requerir de la adecuada protección. En este sentido, el Considerando 39 establece que "*la protección debe extenderse también a otras categorías de personas físicas que, sin ser «trabajadores» en el sentido del artículo 45, apartado 1, del TFUE, puedan desempeñar un papel clave a la hora de denunciar infracciones del Derecho de la Unión y que puedan encontrarse en situación de vulnerabilidad económica en el contexto de sus actividades laborales*" y pone como ejemplo a los proveedores de bienes o servicios para empresas, incidiendo en que están mucho más cerca de la fuente de información sobre determinadas prácticas ilícitas o abusivas. También se menciona a los trabajadores que prestan servicios por cuenta propia, los profesionales autónomos, los contratistas, subcontratistas, a los accionistas, a quienes ocupan puestos directivos, a quienes han finalizado su relación jurídica con la organización y a quienes aspiran a conseguir una relación de trabajo con la misma, pues todos ellos pueden estar expuestos a represalias por su actuación como denunciantes.

De la misma manera, el art. 3.1 LRPI define a los informantes como aquellos que "*trabajen en el sector privado o público y que hayan obtenido información en un contexto laboral o profesional*". Como puede observarse, se añade el adjetivo profesional, evitando así una interpretación restrictiva del "contexto laboral" al que se refiere la Directiva. Ambas disposiciones normativas señalan, como se verá a continuación, algunas categorías que necesariamente deben estar comprendidas en este ámbito subjetivo.

Nos encontramos ante una definición del informante bastante amplia, conectándola con prácticamente todas aquellas personas que mantienen una relación con la organización, si bien no se extiende, como en algunas normas de otros países a cualquier persona que tenga conocimiento de la infracción por cualquier causa[14]. Pese a ello, no se limita sólo a los casos en que existe una relación laboral o se excluye a quienes detentan algún puesto de mando dentro de la organización, como sí hacen otros ordenamientos jurídicos (García-Moreno García de la Galana, 2018, pp. 66-68).

Esta forma de configurar el ámbito subjetivo responde al objetivo de aplicar su contenido de forma prácticamente indiscriminada que responde a una perspectiva maximalista de protección de estas situaciones (López Baelo, 2018; Martínez Saldaña et al., 2019, p. 34).

---

14 Como ocurre en la *False Claim Act* y *Dodd-Frank Act* estadounidenses que configuran un ámbito subjetivo muy amplio que incluye a los *whistleblowers outsiders*.

4.2.1. Los prestadores de servicios: alcance de la noción

En general, muchos de los sujetos mencionados, se caracterizan por el hecho de prestar un servicio, independientemente de la relación jurídica mediante la que lo llevan a cabo. Así, en primer lugar, la Directiva se refiere "*a las personas que tengan la condición de trabajadores en el sentido del artículo 45, apartado 1, del TFUE, incluidos los funcionarios*". Por su parte, el 3.1.a LRPI se refiere, de forma similar, a "*las personas que tengan la condición de empleados públicos o trabajadores por cuenta ajena*".

El precepto del Tratado de Funcionamiento de la Unión Europea mencionado señala que "*quedará asegurada la libre circulación de los trabajadores dentro de la Unión*". El TJUE ha venido a señalar que esta expresión debe interpretarse de forma amplía y su característica esencial sería la circunstancia de que una persona realiza, durante cierto tiempo, en favor de otra y bajo la dirección de ésta, determinadas prestaciones a cambio de las cuales percibe una retribución, y, ni la calificación jurídica en Derecho nacional y la forma de dicha relación, ni la naturaleza del vínculo jurídico existente entre esas dos personas, resultan determinantes a este respecto" (STJUE de 17 de noviembre de 2016, C-216/15, *Betriebsrat der Ruhrlandklinik gGmbH* y *Ruhrlandklinik gGmbH*)[15]. Así, la referencia a los funcionarios que realiza el art. 4.1.a de la Directiva y, con carácter general todos los empleados públicos, estarían ya incluidos en este concepto.

---

[15] La propuesta de Directiva del Parlamento Europeo y del Consejo relativa a unas condiciones laborales transparentes y previsibles en la Unión Europea contenía una definición similar del concepto de trabajador, entendiéndolo como "*una persona física que durante un período de tiempo determinado realiza servicios para otra persona, y bajo su dirección, a cambio de una remuneración*" (artículo 2.1 a). Sin embargo, la versión final ratificada por el Parlamento, aprobada través de la Directiva (UE) 2019/1152 del Parlamento Europeo y del Consejo, de 20 de junio de 2019, relativa a unas condiciones laborales transparentes y previsibles en la Unión Europea, no incluyo esta ni otra definición del concepto de trabajador.

En segundo lugar, tanto la Directiva europea (art. 4.1.b), como la LRPI (art. 3.1.b), se refieren a los trabajadores por cuenta propia o autónomos. Efectivamente, la Directiva se remite en el precepto a las personas que tengan la condición de trabajadores no asalariados en el sentido del art. 49 TFUE; y este precepto regula la libertad de establecimiento que comprenderá "*las actividades no asalariadas y su ejercicio*", esto es, la libertad de los trabajadores por cuenta propia y los profesionales a llevar a cabo actividades de forma permanente y a establecer y administrar empresas con tal fin. Respecto de las actividades comprendidas hay que tomar como referencia el derecho a la libre prestación de servicios (art. 56 TFUE) que se aplica, como dispone la Ficha Técnica sobre la Unión Europea relativa a la Libertad de Establecimiento y la Libre Prestación de Servicios, a todos los servicios que se prestan habitualmente a cambio de remuneración, siempre que no estén regulados por las disposiciones relativas a la libre circulación de mercancías, capitales y personas; en definitiva, a las actividades antes referidas que se realizan por trabajadores.

En tercer lugar, en el art. 4.1.d Directiva, se menciona a los "*voluntarios y los trabajadores en prácticas que perciben o no una remuneración*"; y en el art. 3.2. LRPI, se adapta esta inclusión con referencia a los "*voluntarios, becarios, trabajadores en periodos de formación con independencia de que perciban o no una remuneración*". En los dos primeros casos nos encontramos con relaciones jurídicas excluidas del Derecho del Trabajo. El voluntariado se entiende comprendido en la exclusión del art. 1.3.d ET y posee su propia regulación específica con el fin de evitar fraudes en su utilización (Ley 45/2015, de 14 de octubre, de Voluntariado). Los becarios son aquellas personas que reciben una contraprestación dineraria por la realización de un determinado trabajo o estudio con el fin de complementar su formación, por lo que el resultado de su trabajo redunda en su propio beneficio, es decir "*el rasgo diferencial de la beca como percepción es su finalidad primaria de facilitar el estudio y formación del becario, y no la de incorporar los resultados o frutos del estudio o del trabajo de formación realizado, al patrimonio de la persona que la otorga*" (STS, Social, de 13 de junio de 1988). La mala praxis en su utilización, encubriendo muchas veces auténticas relaciones laborales ha puesto sobre el tapete la necesidad de una regulación específica que acabe con este fraude. Así, desde hace un tiempo, se mantienen negociaciones entre el Gobierno y los agentes sociales, que han fructificado en el Acuerdo de 15 de junio de 2023, entre el Ministerio de Trabajo y Economía Social y la Representación sindical, pues la patronal se había descolgado de las mismas, para plasmar el denominado Estatuto del Becario. De acuerdo con este acuerdo el Estatuto de las personas en formación práctica no laboral en el ámbito de la empresa en su más reciente denominación derogaría el Real Decreto 592/2014, de 11 de julio, por el que se regulan las practicas académica externas de los estudiantes universitarios, estableciendo una nueva regulación a las denominadas prácticas universitarias curriculares, necesarias para la obtención de un título y, a las prácticas extracurriculares o voluntarias que constituyen la modalidad más controvertida (Moreno Solana, 2023b). Finalmente, la expresión "*trabajadores en periodo de formación*" incluye las distintas modalidades del denominado contrato formativo regulado en el art. 11 ET.

En cuarto lugar, se menciona a "*cualquier persona que trabaje para o bajo la supervisión y la dirección de contratistas, subcontratistas y proveedores*" (art. 4.1.d LRPI). Se refiere a la norma a las personas que, no teniendo una relación laboral directa con la empresa, realizan para la misma una actividad de obra o servicio o le suministran bienes o servicios, lo que en muchas ocasiones lleva a compartir espacios de la empresa.

4.2.2. Otros sujetos protegidos

Junto con los anteriores, la protección se extiende también a los representantes de los trabajadores (art. 3.3 LRPI). Este supuesto de protección no está recogido en la Directiva europea y se limita al ejercicio de "*funciones de ase-*

soramiento y apoyo al informante". Seguramente, esta labor ya estaba protegida por la normativa específica que garantiza su actividad representativa frente a despidos y sanciones (art. 68.c ET). Si acaso se determina al menos para esta específica labor de representación un supuesto de nulidad objetiva que, como tal, no se recoge en el art. 171 y 55.5 ET, lo que obliga a acudir a la tutela del derecho de no discriminación, con base en el ejercicio de una actividad sindical, cual es la actividad de representación (STS, Social, de 14 de marzo de 1988; y STSJ, Social, Andalucía-Sevilla, de 3 de marzo de 2000, Rec. 2968/1999).

También se integra en la protección, como hace la Directiva (art. 4.2 y 3), a las personas que hayan obtenido la información en el "*marco de una relación laboral o estatutaria ya finalizada (...), así como a aquellos cuya relación laboral todavía no haya comenzado, en los casos en que la información sobre infracciones haya sido obtenida durante el proceso de selección o de negociación precontractual*" (3.2 LRPI); y a otros sujetos que representan a la titularidad de la entidad empresarial o ejercen funciones de representación de la misma como "*los accionistas, partícipes y personas pertenecientes al órgano de administración, dirección o supervisión de una empresa, incluidos los miembros no ejecutivos*" (art. 3.1.c LRPI).

Especialmente interesante resulta la extensión de la protección a diversos sujetos que mantienen relación con el informante, reconociendo de esta manera la posibilidad de que se lleve a cabo una represalia directa o indirecta, influyendo en el entorno de quien denuncia. Me refiero a la protección de las "*personas físicas que, en el marco de la organización en la que preste servicios el informante asistan al mismo en el proceso*" (art. 3.4.a LRPI); "*personas físicas que estén relacionadas con el informante y que puedan sufrir represalias, como compañeros de trabajo o familiares del informante*" (art. 3.4.b LRPI); y "*personas jurídicas, para las que trabaje o con las que mantenga cualquier otro tipo de relación en un contexto laboral o en las que ostente una participación significativa. A estos efectos, se entiende que la participación en el capital o en los derechos de voto correspondientes a acciones o participaciones es significativa cuando, por su proporción, permite a la persona que la posea tener capacidad de influencia en la persona jurídica participada*" (art. 3.4.c LRPI).

4.2.3. Las denuncias anónimas

A lo largo de este trabajo se ha mencionado en varias ocasiones la posibilidad de iniciar la gestión de las denuncias o informaciones mediante comunicaciones anónimas. Especialmente se incidió en esta cuestión en relación con el conflicto generado por la negativa de la AEPD a admitirlas y su posterior reconocimiento legal por parte de la LOPGPGDD.

Pese a ello, la admisión de la denuncia anónima no deja de ser una anomalía en un sistema cuyo objeto declarado es la protección del denunciante, lo que conlleva necesariamente su identificación, aunque también es cierto que mediante el anonimato se facilita que se lleven a cabo este tipo de delaciones, sobre todo en relación con supuestos especialmente trascendentes, al evitar el denunciante las represalias a las que podría verse sometido si se identifica. Ahora bien, en sentido contrario, también hay que tener en cuenta que el anonimato puede tener también un efecto pernicioso en el aumento de las denuncias falsas con fines difamatorios (Caro Catalán, 2021, p. 2183; García-Moreno, 2020, p. 99).

Quizás esta disyuntiva sea el motivo por el cual la Directiva, pese a ver apostado claramente por la admisión de este tipo de denuncias, permite que sean los Estados miembros los que finalmente decidan si las entidades jurídicas de sus territorios deben de integrarlas obligatoriamente en sus sistemas de información (Considerando 34 y art. 6.2). Evidentemente, aunque inicialmente, los sujetos anónimos no requieren de protección, pues el propio anonimato les protege, si en algún momento se da a conocer su identidad debe desplegarse para ellos el sistema de protección de los informantes. Así, como se señala en el Considerando 34 y se positiviza en el art. 6.3, "*las personas que hayan denunciado o revelado públicamente información sobre infracciones de forma anónima pero que posteriormente hayan sido identificadas y sufran represalias seguirán, no obstante, teniendo derecho a protección en virtud del capítulo VI, siempre que cumplan las condiciones establecidas en el apartado 1*".

Pues bien, la opción del legislador español, como se ha podido entrever en distintos momentos de este estudio, ha sido la de admitir este tipo de comunicaciones. Así, por un lado, el art. 7.3 LRPI determina que los canales internos de información permitirán incluso la presentación y tramitación de denuncias anónimas y el art. 17 LRPI hace otro tanto en relación con el canal externo de A.A.I.; y, por otro lado, el art. 35.3 LRPI extiende la protección a este tipo de informadores cuando "*posteriormente hayan sido identificadas y cumplan las condiciones previstas en esta ley*".

Resulta extraño que, ni en la Directiva europea, ni en la norma interna se haga referencia a los supuestos en los que resulta necesario desvelar la identidad del comunicante anónimo, sobre todo en el marco de un proceso judicial, pues, como ha venido señalando la doctrina penal, su admisión puede tener efectos contraproducentes desde una perspectiva procesal. En este sentido, en la fase de instrucción el anonimato del informante puede traer consigo el sobreseimiento de la causa, sobre todo cuando ésta no se sustente unas pruebas sólidas que permitan actuar al juez de instrucción dejando al margen al delator especialmente en aquellos supuestos en los que el acervo probatorio sea escaso (Torrent i Santamaria & Pérez Gil de Gómez, 2020). De otra parte, ya en fase de juicio oral, al no haber participado en la fase de instrucción la información aportada no puede ser objeto de valoración como medio de prueba. En este sentido, el documento de *Transparency International España* aportado a la consulta pública sobre la transposición de la Directiva (UE) 2019/1937, de 27 de enero de 2021, ya señalaba que el único inconveniente de la denuncia anónima "es que procesalmente no puede otorgársele más valor que el que realmente pueden tener como prueba de indicios dentro del proceso"[16].

Parcialmente, sí se refiere a este supuesto el Preámbulo de la LRPI cuando señala que el anonimato decae cuando "*bien una norma nacional prevé revelarlo o se solicite en el marco de un proceso judicial, lo que ocurre en muchas ocasiones, argumentando el juzgador la necesidad de conocer la identidad de quien denunció, para garantizar el derecho de defensa del denunciado*".

Por este motivo, algún autor abogaba por reforzar la confidencialidad del informador sin llegar al anonimato, actuando de la forma prevista en relación con "los canales de denuncias en el Anteproyecto de Ley de Enjuiciamiento Criminal aprobado el día 24 de noviembre de 2020 en el Consejo de ministros. De acuerdo con la exposición de motivos, en el Anteproyecto se contempla "*la posibilidad de que la denuncia derivada de la actuación, en el seno de una entidad pública o privada, de un alertador (...) pueda ser directamente presentada ante la autoridad penal competente por el responsable del canal de denuncia, no revelándose la identidad de la persona que dio la alerta interna salvo que se realice un requerimiento expreso al efecto*". Esta idea se plasma en su art. 528.6 que, conforme a lo anunciado en la exposición de motivos, autoriza al responsable del canal de denuncias a comunicar a las autoridades la *notitia criminis* reservándose para sí la identidad del alertador, salvo que fuese requerido para hacerlo" (Caro Catalán, 2021, pp. 2183 y 2184). Otra opción, como ha señalado la doctrina que ha comentado el alcance de la Directiva (Bermejo, 2020, p. 12/23), sería incorporar una excepción similar a la que se recoge en la norma europea en relación con la confidencialidad del denunciante, en base a la cual "*la identidad del denunciante u otra información sea revelada cuando exista una obligación legal necesaria y proporcionada en el contexto de una investigación o en el marco de un*

---

16 Documento disponible en https://transparencia.org.es/wp-content/uploads/2021/02/ALEGACIONES-TI-E_CONSULTA-PU%CC%81BLICA-SOBRE-LA-TRANSPOSICION-DIRECTIVA-UE-2019_1937-FINAL.pdf

proceso judicial, para garantizar el derecho de defensa de la persona afectada" (art. 16.2), que puede entenderse recogida en el art. 33.3 LRPI, al señalar que "*la identidad del informante solo podrá ser comunicada a la Autoridad judicial, al Ministerio Fiscal o a la autoridad administrativa competente en el marco de una investigación penal, disciplinaria o sancionadora*".

4.3. UN CONDICIONANTE DE LA PROTECCIÓN ADICIONAL: LA ADECUADA UTILIZACIÓN DE LOS CANALES DE DENUNCIA

En páginas precedentes de este estudio se ha visto como la protección que concede la normativa al comunicante tiene algunos condicionantes relativos al ámbito subjetivo: que el comunicante se integre en alguna de las categorías de los sujetos protegidos; y del ámbito objetivo de aplicación: que el objeto de la comunicación se refiera a alguna de las infracciones incluidas en dicho ámbito y que, además, tenga expectativas de ser veraz.

Pues bien, ahora debemos de ocuparnos de otro condicionante más: que la denuncia o comunicación se instrumentalice a través de los canales apropiados. Efectivamente, en este sentido, la Directiva (UE) 2019/1937 condiciona la protección a que los informantes "*hayan denunciado por canales internos conforme al artículo 7 o por canales externos conforme al artículo 10, o hayan hecho una revelación pública conforme al artículo 15*" (art. 6.1.b).

Por tanto, parece que en principio sólo obtiene protección quien plantea su denuncia a través de uno de estos canales. Pues bien, en relación con esta cuestión se suscitan a mi modo de ver dos cuestiones.

La primera de ellas está en relación con la protección de los trabajadores que utilicen una vía distinta o ajena al canal de información existente en la empresa o las otras previstas en la normativa. Como ha señalado la doctrina, debe tenerse presente que "las medidas que esta norma contempla no sustituyen, sino que se añaden a las que vienen aplicándose para tutelar y evitar perjuicios a los trabajadores que, por cualquier vía o mecanismo, han trasladado denuncias a la empresa", es decir, estas garantías no sustituyen la tutela dispensada por nuestros tribunales y otras normas en relación con la libertad de expresión o de información y la garantía de indemnidad de los trabajadores cuando informen de la comisión de infracciones o irregularidades por otras vías (de la Puebla Pinilla, 2023, p. 43).

Además, el Grupo de expertos ha dejado claro que la protección que dispensa la Directiva se aplica, aunque no se haya presentado una denuncia formal, cuando los trabajadores dan a conocer sus preocupaciones de manera informal o a través de consultas a un superior en la empresa. "Y, en fin, debe advertirse que las personas trabajadoras tienen a su disposición no solo los canales internos de información de su empresa empleadora sino también los de otras empresas, por ejemplo, aquellas en las que efectivamente prestan servicios, como ocurre en el caso de trabajo en contratas o subcontratas. En estos casos, la protección del informante y la prohibición de represalias opera al margen del canal de información que la persona trabajadora haya utilizado y opera tanto respecto de su empleador como respecto de otras empresas implicadas" (de la Puebla Pinilla, 2023, p. 43).

La segunda de ellas está relacionada con el orden de utilización de los canales para determinar si el denunciante goza de protección. El proceso de elaboración de la Directiva se puso de manifiesto por algunos importantes países miembros, como Francia o Alemania, la voluntad de primar el canal interno de denuncias, imponiendo su utilización previamente al canal externo y a la revelación pública como una forma de preservar los intereses de la empresa, como propugnaba Alemania (Abazi, 2020, pp. 49-50). Sin embargo, el texto final no recoge esta obligación y se limita a establecer una preferencia "reforzada" de los canales internos.

Efectivamente, en la parte expositiva de la Directiva (Considerando 47) se establece que, "*por principio, debe animarse a los denunciantes a utilizar en primer lugar los canales de denuncia interna e informar a su empleador, si dichos canales están a su disposición y puede esperarse razonablemente que funcionen*"; y, ya en la parte dispositiva, el art. 7.2 obliga a los Estados miembros a promover "*la comunicación a través de canales de denuncia interna antes que la comunicación a través de canales de denuncia externa, siempre que se pueda tratar la infracción internamente de manera efectiva y siempre que el denunciante considere que no hay riesgo de represalias*".

Sobre esta base se asienta un principio general de preferencia de utilización de los canales internos de denuncias (art. 7.1), de manera que, *a priori*, no se puede acudir a los canales externos sin haber comunicado, en primer lugar, la información a través de los canales de denuncia interna (art. 10), ni a la revelación pública sin haber acudido a los canales anteriores y en estos no se hayan tomado las medidas apropiadas (art. 15.1.a), salvo en casos excepcionales en los que se admite acudir directamente a la revelación pública: en "*situaciones de peligro inminente o manifiesto para el interés público*" (art. 15.1.b.i); o cuando, "*en caso de denuncia externa, existe un riesgo de represalias o hay pocas probabilidades de que se dé un tratamiento efectivo a la infracción debido a las circunstancias particulares del caso, como que puedan ocultarse o destruirse las pruebas o que una autoridad esté en connivencia con el autor de la infracción o implicada en la infracción*" (art. 15.1.b.ii).

Sin embargo, esta regla general, al menos en lo que determina el uso de los canales internos y externos, se diluye al regular el uso de los canales externos, pues el art. 10 señala que en estos los denunciantes comunicarán información, "*tras haberla comunicado en primer lugar a través de los canales de denuncia interna, o bien comunicándola directamente a través de los canales de denuncia externa*", por lo que prácticamente los sitúa en un plano de igualdad. Lo mismo ocurre cuando el art. 15.1.a condiciona la protección de la persona que realice una revelación pública a los supuestos en que ésta "*había denunciado primero por canales internos y externos, o directamente por canales externos*".

Por tanto, como ha mencionado la doctrina, "la Directiva europea ha optado por dar preferencia a la denuncia interna, pero en un sentido normativo débil, exigiendo solamente que los estados promuevan o animen a los denunciantes a utilizar primero dicho medio, pero sin excluir de la protección a quienes prefieran, ya de entrada, denunciar externamente" (Ragués i Vallés, 2020, pp. 4/14 y 5/14).

La respuesta española a este envite de la norma europea para establecer una preferencia por los canales internos ha sido aún más tibia, reproduciendo prácticamente la ambigüedad de esta última.

De esta manera, en primer lugar, se condiciona la protección del informante al uso para realizar la comunicación de alguno de los procedimientos previstos en la norma, esto es el canal interno, el canal externo de la A.A.I o la revelación pública (art. 2.1 LRPI); y, en segundo lugar, se afirma que el "*Sistema interno de información es el cauce preferente para informar*" (art. 4.1 LRPI), eso sí, "*siempre que se pueda tratar de manera efectiva la infracción y si el denunciante considera que no hay riesgo de represalia*".

Sin embargo, en el Título III de la norma, referido al canal externo de información de la A.A.I., se establece simplemente que cualquier persona podrá informar ante este organismo las infracciones a las que se refiere la norma, "*ya sea directamente o previa comunicación a través del correspondiente canal interno*" (art. 16), sin referencia alguna a la presencia de algún condicionante que habilite acudir directamente a este canal. La doctrina laboralista entiende que la preferencia del canal interno exige siquiera una débil y mínima alegación del trabajador sobre su desconfianza por dicho canal interno (de la Puebla Pinilla, 2023, p. 37), pues, en otro caso, el artículo 4.1 pierde sentido (Del Rey Guanter, 2023a, p. 18). Sin embargo, lo cierto es que el art. 16 sitúa ambos canales en un plano de igualdad absoluta, por lo que no parece que vaya a exigirse esta justificación.

De todas maneras, habrá que esperar a que se cree y ponga en marcha este órgano administrativo para ver finalmente si se condiciona la presentación de informaciones directamente mediante esta vía.

Por tanto, como consecuencia de esta regulación, *a priori*, no podrá reprocharse al informante que decida acudir directamente a un canal externo, obviando el que se haya dispuesto en su organización. Sin embargo, hay que recordar que el art. 31 bis CP para exonerar la responsabilidad de las personas jurídica obliga a implantar modelos de organización y gestión que impongan la obligación de informar de posibles incumplimientos, así como sanciones disciplinarias por el incumplimiento de las medidas que establezca el modelo (art. 31.5.4º y 5º bis CP), por lo que, en estos casos, podría sancionarse disciplinariamente al trabajador que acuda directamente a un canal externo, salvo que, siguiendo el sentir de la Directiva europea, se justificase en sospechas fundadas de sufrir represalias.

En cualquier caso, la posibilidad de optar libremente entre en canal de denuncias interno y el canal externo ante la A.A.I. facilita que algunos de los sujetos llamados a informar, de acuerdo con el art. 3 LRPI, puedan utilizar estas vías de información, pues, quienes no tienen una relación jurídica laboral percibirán como más seguro utilizar el canal externo que no el propio de la empresa a la que denuncian.

En cambio, la comunicación de información mediante revelación pública, de forma similar a lo establecido en la Directiva, sólo se puede utilizar si se dan determinadas circunstancias:

La primera de ellas permite acudir a la revelación pública cuando, previamente, se hayan utilizado los "*canales internos y externos, o directamente por canal externo*", sin que se hayan adoptado medidas apropiadas en plazo (art. 28.1.a LRPI). La doctrina (Del Rey Guanter, 2023a, p. 19) ha resaltado el protagonismo que adquiere el canal externo, pues su tramitación, dada la conjunción "y" utilizada parece en todo caso necesaria y el doble condicionante, material y temporal, al que se somete la excepción.

Los plazos son los establecidos en la regulación de estos canales (art. 9.1.c, 17.4 y 20.3 LRPI), pero también debe considerarse el de no dar cumplimiento a las sanciones que la A.A.I. hubiera impuesto como consecuencia de la apreciación de una infracción de las recogidas en el art. 63 LRPI. Por otro lado, para determinar si se han cumplido las medidas adecuadas habrá que acudir tanto a la norma como, en el caso de los canales internos, a regulación específica que haya establecido la organización o ente correspondiente (Del Rey Guanter, 2023a, p. 20).

En segundo lugar, también se posibilita acudir directamente a la revelación pública en los casos en que concurra un peligro inminente o manifiesto para el interés público, "*en particular cuando se da una situación de emergencia, o existe un riesgo de daños irreversibles, incluido un peligro para la integridad física de una persona*" (art. 28.1.b LRPI); o cuando, la comunicación a través del canal externo revista un elevado riesgo de represalias o haya pocas probabilidades de que la información reciba un tratamiento efectivo, señalándose como ejemplos circunstancias, "*tales como la ocultación o destrucción de pruebas o la connivencia de una autoridad con el autor de la infracción o esté implicada en la infracción*" (art. 28.1.b LRPI). Parece que, en relación con esta última circunstancia, se exige que en la percepción del informante debe existir un riesgo más severo para eludir el canal externo, que el interno, pues el artículo 4.1 se refiere tan sólo a la existencia de un riesgo de represalia, sin calificarlo (Del Rey Guanter, 2023a, p. 22).

No obstante, la protección de la norma se obtiene igualmente sin necesidad de estos condicionantes, "*cuando la persona haya revelado información directamente a la prensa con arreglo al ejercicio de la libertad de expresión y de información veraz previstas constitucionalmente y en su legislación de desarrollo*" (art. 28.2 LRPI). Este precepto deriva del art. 15.2 de la Directiva europea que permite exceptuar estos requisitos cuando existan "*disposiciones nacionales específicas por las que se establezca un sistema de protección relativo a la libertad de expresión y de información*". Debe destacarse que sólo se beneficia de esta prerrogativa quien pone la información directamente a disposición de la prensa, por lo que no se aplica en relación con otras formas de comunicar al público, como las redes sociales o cuando, comunicada por estas otras vías, la información es recogida y divulgada por la prensa. Además, el término prensa debe conectarse con el que ha elaborado el Tribunal Constitucional en relación con el derecho de libertad de prensa del art. 20 CE, por lo que hay que entender que se limita a la que se pone a disposición de los profesionales de la información a los profesionales de la información, para su comunicación a través de medios de comunicación social, como intermediarios naturales entre la noticia y la sociedad (Bustos Gisbert, 1994, p. 70 y ss.), por lo que desde un punto de vista laboral excluye su comunicación, por ejemplo, a través de folletos o panfletos sindicales, del uso del tablón de anuncios o mediante páginas web sindicales, organizacionales o personales (Del Rey Guanter, 2023a, p. 23).

A mi juicio, los supuestos que permiten acudir directamente a la revelación pública en lugar de a los canales internos o externos, presentan un alto grado de subjetividad y ello abre la puerta a que la decisión tomada por el informante pueda ser revisada en sede judicial y conduzca y, por tanto, a la inaplicación de la protección que dispensa la norma y a la convalidación de las medidas empresariales adoptadas como consecuencia de la actuación del comunicante. No obstante, el art. 28.2 LRPI debería evitar estos juicios, al menos en los casos en que la comunicación directa a la prensa se encuadra en el derecho fundamental de libertad de expresión e información, aunque la ponderación de los derechos en juego a la que se ha hecho referencia en el epígrafe correspondiente podría llegar determinar, como ha ocurrido en ocasiones, que se dé primacía al interés empresarial.

En realidad, el hecho de que nuestra legislación penal imponga, como ya se señaló, a los ciudadanos la obligación de denunciar los delitos públicos y los que deban perseguirse de oficio ante las autoridades judiciales, fiscales o judiciales resulta incompatible con la imposición de acudir siempre a denunciar, en primer lugar, a través de los canales internos de información, por lo que parece que "el cumplimiento de la obligación de promover la denuncia interna debería llevar a la supresión de estos preceptos, cuya incidencia práctica es irrelevante" (Ragués i Vallés, 2020, pp. 4/14 y 5/14).

4.4. LA PROHIBICIÓN DE REPRESALIAS

La prohibición de represalias para con el informante constituye el objeto principal de la Directiva. A continuación, se va a analizar cómo se articula esta garantía, especialmente, en el ámbito laboral, así como otros aspectos ligados a la misma.

4.4.1. La noción de represalia

La Directiva (UE) 2019/1937, en su art. 19, establece que "*los Estados miembros adoptarán las medidas necesarias para prohibir todas las formas de represalias contra las personas a que se refiere el artículo 4, incluidas las amenazas de represalias y las tentativas de represalia*", ofreciendo a continuación hasta 15 tipos de conductas que deben entenderse como "represalia", lo que permite comprender o extraer su significado (Martínez Saldaña et al., 2019, p. 39). En realidad, no hace falta llevar a cabo este ejercicio intelectual, la noción de represalia está ubicada en el artículo 5.11 de la norma europea, junto con el resto de las definiciones de los conceptos manejados en la misma. De esta manera, se considera "*«represalia»: toda acción u omisión, directa o indirecta, que tenga lugar en un contexto laboral, que esté motivada por una denuncia interna o externa o por una revelación pública y que cause o pueda causar perjuicios injustificados al denunciante*".

En nuestro ordenamiento jurídico el art. 36.1 LRPI recoge este mandato y prohíbe expresamente "*los actos constitutivos de represalia, incluidas las amenazas de represalia y las tentativas de represalia contra las personas que presenten una comunicación conforme a lo previsto en esta ley*". "En el ámbito laboral, las represalias adoptarán habitualmente las formas de represalia actual y de amenaza; menos probable será la tentativa de represalia, dada la subordinación característica de la relación laboral y la existencia de unos poderes empresariales que suponen, en la práctica, una capacidad de autotutela para la empresa" (Gómez Abelleira, 2023, pp. 3/4 y 4/4).

Por su parte, el art. 36.2 LRPI define la represalia como "*cualesquiera actos u omisiones que estén prohibidos por la ley, o que, de forma directa o indirecta, supongan un trato desfavorable que sitúe a las personas que las sufren en desventaja particular con respecto a otra en el contexto laboral o profesional, solo por su condición de informantes, o por haber realizado una revelación pública*". Se ha calificado esta definición, en comparación con la ofrecida en la Directiva, como extraña, que no incide como debería en el elemento realmente relevante: que la acción u omisión suponga un trato injusto por haber informado (Gómez Abelleira, 2023, p. 2/4).

Como puede observarse conforman la represalia las conductas ilícitas según la normativa aplicable y las que, aunque no tengan un sustento legal, impliquen un trato desfavorable o una desventaja en el ámbito laboral o profesional. Se ha criticado también la referencia que el legislador añade al trato discriminatorio, pues incluye una comparativa relativa que no siempre podrá realizarse, cuando lo esencial es el hecho "absoluto" del perjuicio injusto derivado de la actuación del informante. Por ello, se propone una definición más escueta y acabada que prescinde de lo accesorio y se centra en lo importante: "cualquier acción u omisión que causa un perjuicio injusto al informante por el hecho de la información o la revelación" (Gómez Abelleira, 2023, p. 2/4).

Si atendemos al listado que, a modo de ejemplo o enunciativo y, por tanto, sin constituir, en ningún caso, un listado cerrado, ofrecen ambas normas vemos como efectivamente las conductas prohibidas están relacionadas con el contexto laboral o profesional del informante, aunque no creo que deban exceptuarse otros tipos de represalias que no incidan en estos ámbitos. En ese sentido, en el art. 36.3 LRPI se señalan las siguientes:

a) "*suspensión del contrato de trabajo, despido o extinción de la relación laboral o estatutaria, incluyendo la no renovación o la terminación anticipada de un contrato de trabajo temporal una vez superado el período de prueba, o terminación anticipada o anulación de contratos de bienes o servicios, imposición de cualquier medida disciplinaria, degradación o denegación de ascensos y cualquier otra modificación sustancial de las condiciones de trabajo y la no conversión de un contrato de trabajo temporal en uno indefinido, en caso de que el trabajador tuviera expectativas legítimas de que se le ofrecería un trabajo indefinido; salvo que estas medidas se llevaran a cabo dentro del ejercicio regular del poder de dirección al amparo de la legislación laboral o reguladora del estatuto del empleado público correspondiente, por circunstancias, hechos o infracciones acreditadas, y ajenas a la presentación de la comunicación.*

b) Daños, incluidos los de carácter reputacional, o pérdidas económicas, coacciones, intimidaciones, acoso u ostracismo.

c) Evaluación o referencias negativas respecto al desempeño laboral o profesional.

d) Inclusión en listas negras o difusión de información en un determinado ámbito sectorial, que dificulten o impidan el acceso al empleo o la contratación de obras o servicios.

e) Denegación o anulación de una licencia o permiso.

f) Denegación de formación.

g) Discriminación, o trato desfavorable o injusto[17].

[17] En el art. 19 de la Directiva se incluyen: a*) suspensión, despido, destitución o medidas equivalentes; b) degradación o denegación de ascensos; c)*

Ha llamado la atención de la doctrina y coincido con ello que la ley condicione la existencia de represalia en los casos de terminación anticipada del contrato temporal a la superación del periodo de prueba. Así, se ha dicho que "no tiene sentido que el ámbito subjetivo se muestre tan generoso en el artículo 3, dando cabida a "voluntarios, becarios, trabajadores en períodos de formación", así como a "aquellos cuya relación laboral todavía no haya comenzado", y sin embargo se dé a entender que durante el período de prueba la protección no se activa, al menos no en caso de contrato temporal. Esta interpretación es seguramente inaceptable, dada la preeminencia del principio general de prohibición de las represalias" (Gómez Abelleira, 2023, p. 4/4).

En este momento debe hacerse alguna consideración sobre la noción de represalia y el amplio listado que se incluye la ley y los sujetos objeto de protección relacionados en el art. 2.

En primer lugar, las represalias relacionadas con la relación de trabajo, es decir las que pueden dar lugar a la suspensión del contrato o a su extinción, al tránsito de un contrato temporal a un contrato indefinido, a la modificación de las condiciones laborales, a los ascensos, a la adopción

---

cambio de puesto de trabajo, cambio de ubicación del lugar de trabajo, reducción salarial o cambio del horario de trabajo; d) denegación de formación; e) evaluación o referencias negativas con respecto a sus resultados laborales; f) imposición de cualquier medida disciplinaria, amonestación u otra sanción, incluidas las sanciones pecuniarias; g) coacciones, intimidaciones, acoso u ostracismo; h) discriminación, o trato desfavorable o injusto; i) no conversión de un contrato de trabajo temporal en uno indefinido, en caso de que el trabajador tuviera expectativas legítimas de que se le ofrecería un trabajo indefinido; j) no renovación o terminación anticipada de un contrato de trabajo temporal; k) daños, incluidos a su reputación, en especial en los medios sociales, o pérdidas económicas, incluidas la pérdida de negocio y de ingresos; l) inclusión en listas negras sobre la base de un acuerdo sectorial, informal o formal, que pueda implicar que en el futuro la persona no vaya a encontrar empleo en dicho sector; m) terminación anticipada o anulación de contratos de bienes o servicios; n) anulación de una licencia o permiso; o) referencias médicas o psiquiátricas.

de medidas disciplinarias, al disfrute de licencias y permisos o al derecho a la formación, sólo cabe ejercerlas sobre quien tiene una relación subordinada, especialmente una relación laboral. Por tanto, los sujetos típicos de estas represalias serán los trabajadores por cuenta ajena, los representes de los trabajadores en funciones de asesoramiento, otras personas físicas que, en el marco de la organización en la que preste servicios el informante, asistan al mismo en el proceso y los compañeros de trabajo con los que se mantiene una relación laboral directa. Igualmente, este tipo de represalias pueden desplegarse sobre quienes ocupan puestos de dirección mediante una relación laboral especial de alta dirección.

Junto a ellos, también pueden ser objeto de este tipo de represalias quienes trabajen para o bajo la supervisión y la dirección de contratistas, subcontratistas y proveedores, dada la capacidad de la empresa principal de influir a estos sujetos para que adopten represalias sobre los trabajadores que hayan informado de actividades ilícitas de la empresa principal.

En segundo lugar, algunos de los ejemplos de represalia tienen un ámbito más amplio y pueden afectar tanto a los trabajadores de la organización empresarial como a otros sujetos que se encuentran en el contexto laboral de la misma. Así ocurre con las represalias consistentes en daños, incluidos los de carácter reputacional, pérdidas económicas, coacciones, intimidaciones, acoso, ostracismo, evaluación o referencias negativas respecto al desempeño laboral o profesional, Inclusión en listas negras o difusión de información en un determinado ámbito sectorial, que dificulten o impidan el acceso al empleo o la contratación de obras o servicios, denegación o anulación de una licencia o permiso, denegación de formación, discriminación, o trato desfavorable o injusto. Todas o parte de estas acciones pueden recaer, según los casos, sobre trabajadores de la empresa, personal de alta dirección, pero también sobre otras personas como autónomos relacionados con la misma, accionistas y miembros de los órganos de administración, voluntarios, becarios, personal en formación no contratado, representantes legales y otras personas que los asistan en el proceso, personas jurídicas relacionadas con el informante y personas cuya relación laboral no haya comenzado o que ya haya terminado. Incluso las más genéricas, como las acciones de daños o el acoso podrían darse sobre determinadas personas ajenas al contexto laboral como son los familiares del informante.

Por último, en tercer lugar, la represalia consistente en la terminación anticipada o anulación de contratos de bienes o servicios parece conectarse con los trabajadores autónomos que de alguna manera participan en la actividad de la empresa denunciada.

También debe mencionarse que en el Proyecto de Ley de la norma sobre informantes se establecía una excepción en el art. 36.1. De esta manera, no se consideraba represalia "*el supuesto en que dicha acción u omisión pueda justificarse objetivamente en atención a una finalidad legítima y que los medios para alcanzar dicha finalidad sean necesarios y adecuados*". Con ello, se estaba sentando una presunción, que sí se recoge en el ámbito procesal, de que todo acto que se integre en la definición debe considerarse una represalia, salvo que se demuestre que posee una finalidad legítima.

Finalmente hay que mencionar que la protección se extiende durante dos años desde el momento en que se realiza la comunicación. Es decir, todas las acciones en contra del comunicante que se realicen durante este tiempo son sospechosas de constituir una represalia. Ahora bien, transcurridos esos dos años, "*la persona que viera lesionados sus derechos por causa de su comunicación o revelación (...), podrá solicitar la protección de la autoridad competente que, excepcionalmente y de forma justificada, podrá extender el periodo de protección, previa audiencia de las personas u órganos que pudieran verse afectados*" (art. 36.4 LRPI). No se determina en la parte dispositiva de la LRPI el *dies a quo* de este plazo. Si lo hace, en cambio, la Exposición de Motivos que lo sitúa en el momento de conclusión de la investigación, por lo que, pese a la carencia de eficacia normativa de estos preámbulos normativos, puede tomarse como referencia el mismo. Señala la doctrina que "se trata, sin duda, de un plazo mucho más amplio del que, en la práctica, opera para cualquier otra nulidad por lesión de un derecho fundamental, porque la proximidad temporal entre el ejercicio del derecho y la medida empresarial lesiva de ese derecho se valora por los tribunales como un indicio relevante de la efectiva lesión del derecho, de modo que, en condiciones generales, cuanto mayor sea la distancia temporal entre ambos momentos mayores dificultades tiene el trabajador para probar la finalidad discriminatoria o lesiva de derechos fundamentales de la decisión empresarial que impugna" y que, "aun así, puede resultar insuficiente en determinados casos, especialmente cuando se trata de informantes anónimos cuya identidad llega a conocerse, por decisión del propio trabajador o por exigencias externas, tiempo después de concluirse la investigación y, por tanto, cuando ya haya finalizado o esté próximo su término, el plazo de tutela" (de la Puebla Pinilla, 2023, p. 48).

4.4.2. Medidas de apoyo

El art. 37.1 LRPI establece una serie de medidas de apoyo para los informantes que utilicen cualquier canal previsto en la norma, que complementan la protección que esta les dispensa.

Estas medidas consisten en información y asesoramiento sobre los procedimientos y recursos al alcance de los informantes y los derechos que les conciernen; asistencia efectiva ante cualquier autoridad implicada en su protección; asistencia jurídica en procesos transfronterizos; y apoyo financiero y psicológico si así lo decide a AAI. El art. 37.2 LRPI, por su parte declara compatibles estas medidas con el derecho a la asistencia jurídica gratuita que le pudiera corresponder de acuerdo con la Ley 1/1996, de 10 de enero, de asistencia jurídica gratuita, para la representación y defensa en procedimientos judiciales derivados de la presentación de la comunicación o revelación pública.

La doctrina ha señalado que hay que entender que estas medidas de apoyo son compatibles con las que son propias del ámbito laboral, tales como recibir asistencia sindical o de órganos representativos unitarios; y que "en todo caso, hay que subrayar la importancia que pueden alcanzar estas medidas cuando se trata de una persona trabajadora no sólo por su potencial menor disponibilidad de recursos económicos, sino también por las consecuencias (negativas) que en el entorno organizativo de una empresa pueden desencadenarse en los casos de información o revelación pública", señalando en este sentido la especial relevancia que puede tener el apoyo financiero para "paliar algunas de las consecuencias económicas negativas que puede derivarse para el informante por su condición, tales como la pérdida de empleo o incluso la disculpad para encontrar uno nuevo por su condición de informante" (Rodríguez-Piñero y Bravo-Ferrer & Del Rey Guanter, 2023).

4.4.3. Medidas de protección frente a las represalias

De acuerdo con el art. 21 de la Directiva, los Estados miembros deben adoptar las medidas necesarias para que los denunciantes estén protegidos frente a represalias, señalándose a continuación algunas de ellas, dando lugar, con ello, a unas garantías mínimas de protección que pueden ampliarse en cada Estado.

La LRPI dedica a estas medidas de protección frente a represalias el art. 38, recogiendo las mismas garantías que se señalan en la norma europea como a continuación se describe. No obstante, antes debo referirme a otra medida de protección que no se recoge en la norma, al menos con la claridad deseada.

4.4.3.1. La nulidad de los actos de represalia o que impidan la aplicación de la norma

En el Preámbulo de la LRPI, cuando se desgrana el contenido de la norma, se hace hincapié en que el Título VII, dedicado a las medidas de protección, constituye el eje de la ley. Se dice que "*ha de conseguirse que nadie esté amedrentado ante futuros perjuicios. De ahí que la primera medida sea la contundente declaración de prohibir y declarar nulas aquellas conductas que puedan calificarse de represalias y se adopten dentro de los dos años siguientes a ultimar las investigaciones*".

Pues bien, esta contundente declaración de nulidad no existe, pues no se refleja de forma expresa en la parte dispositiva de la norma. Ninguno de los artículos que componen el Título VII menciona la nulidad de los actos de represalia o de los que impidan ejercer el derecho a informar, salvo para el caso de los actos administrativos. Efectivamente, para estos el art. 36.5 LRPI "*los actos administrativos que tengan por objeto impedir o dificultar la presentación de comunicaciones y revelaciones, así como los que constituyan represalia o causen discriminación tras la presentación de aquellas al amparo de esta ley, serán nulos de pleno derecho y darán lugar, en su caso, a medidas correctoras disciplinarias o de responsabilidad, pudiendo incluir la correspondiente indemnización de daños y perjuicios al perjudicado*".

No obstante, se puede inferir la nulidad del acto empresarial de la regla general civil conforme a la cual "*los actos contrarios a las normas imperativas y a las prohibitivas son nulos de pleno derecho, salvo que en ellas se establezca un efecto distinto para el caso de contravención*" (art. 6.3 CC). Además, debe recordarse que, en estos casos, las represalias, como se ha venido determinando desde distintas instancias judiciales nacionales y supranacionales, afectan a derechos fundamentales (libertad de expresión, de información y tutela judicial efectiva en su faceta de garantía de indemnidad), por lo que no cabe otro efecto que su nulidad, opinión en la que coinciden los autores que se han acercado a esta norma (de la Puebla Pinilla, 2023, p. 46; Piqueras García, 2023, p. 13). La propia Directiva europea establece en el Considerando 31 que "*las personas que comunican información sobre amenazas o perjuicios para el interés público obtenida en el marco de sus actividades laborales hacen uso de su derecho a la libertad de expresión. El derecho a la libertad de expresión y de información, consagrado en el artículo 11 de la Carta y en el artículo 10 del Convenio Europeo para la Protección de los Derechos Humanos y de las Libertades Fundamentales, incluye el derecho a recibir y comunicar informaciones, así como la libertad y el pluralismo de los medios de comunicación*". Así, la declaración de nulidad podrá obtenerse en la vía judicial social, sin perjuicio de la indemnización de daños y perjuicios y de otros efectos jurídicos que puedan seguirse" (Gómez Abelleira, 2023, p. 4/4).

No obstante, hay que hacer notar que la nulidad de los actos empresariales de represalia está sujeta a ciertas limitaciones. Efectivamente, aquellos que se realizan sobre la relación laboral son fácilmente reversibles, especialmente en relación con aquellas conductas que persisten en el tiempo y pueden dar lugar a medidas específicas para garantizar el derecho del trabajador a disfrutar de sus condiciones laborales originales, como ocurre con las modificaciones sustanciales del contrato, la movilidad geográfica, el trabajo a distancia, la suspensión o la reducción de jornada por causas ETOP declaradas nulas por violación de derechos fundamentales a través del procedimiento del art. 138 de la Ley 36/2011, de 10 de octubre, reguladora de la jurisdicción social. La declaración de nulidad conlleva la ejecución de la decisión judicial en sus propios términos (art. 138.9 LJS). No obstante, si no se produce a reintegrar al trabajador en sus anteriores condiciones de trabajo o se hiciere de modo irregular, el trabajador podrá solicitar la ejecución del fallo ante el Juzgado de lo Social y la extinción del contrato con causa en lo previsto en la letra c) del apartado 1 del artículo 50 del Estatuto de los Trabajadores, conforme al procedimiento de ejecución de sentencias de despido (art. 138.9). En otros supuestos la declaración de nulidad podrá solicitarse a través del procedimiento de tutela de derechos fundamentales de la LJS. Algo similar puede predicarse del despido del trabajador como represalia, incluida la indebida finalización de un contrato temporal o su no renovación. En estos casos la declaración de nulidad conlleva la obligada readmisión del trabajador y en caso de que esta no se produzca o se produzca de forma irregular se instará el procedimiento de ejecución de sentencias de despido antes señalado.

En el caso de que la represalia haya consistido en la no contratación de quien estaba en un proceso de selección o en una negociación precontractual la aplicación de la acción de nulidad, entendida como la imposición de una relación laboral resulta muy complicada y controvertida. Efectivamente, pese a que la STC 173/1994, de 7 de junio, que declaró nula la decisión de no prorrogar un contrato temporal a una trabajadora embarazada y, posteriormente, la STC 90/1997, de 6 de mayo, que impuso la conversión de un contrato a tiempo parcial en uno a tiempo completo denegada por motivos sindicales, abrieron las puertas a que la doctrina defendiese la contratación forzosa en caso de discriminación y, por ende, en caso de cualquier violación de un derecho fundamental en la no contratación[18], lo cierto es que no se puede imponer la contratación al empresario, aunque sí determinará eventualmente una sanción administrativa y la correspondiente indemnización para resarcir el perjuicio causado, que, tanto en este caso, como en otros en que no sea factible revertir la conducta empresarial, debería incrementarse para tomar en consideración esta circunstancia.

4.4.3.2. La protección frente a la responsabilidad del contenido de la información. La relevancia de los deberes legales o contractuales de confidencialidad

Los representantes de los trabajadores tienen normativamente reconocido el derecho a recibir cierta información de la empresa. Este derecho a ser informado y las ma-

---

[18] En el ámbito del sector público la contratación forzosa, como consecuencia del acto de empresarial de no contratación, ofrece, por sus particularidades (procesos de selección sometidos a los principios de igualdad, mérito y capacidad), menos problemas. En este sentido, la STC 108/2019, de 30 de septiembre, confirma la sentencia dictada por el Juzgado Social núm. 7 de Valencia, de 23 de junio de 2016, que declaró nula por discriminatoria la decisión de no contratar a la trabajadora demandante por estar embarazada y adjudicar aplaza a la siguiente candidata y a reconocer la relación jurídica con efectos retroactivos al momento de la selección.

terias objeto de dicha información se encuentran recogidas en el art. 64 ET y tiene como objeto que los representantes comprendan y conozcan la realidad productiva, económica y organizacional de la empresa a fin de evitar futuros conflictos y apaciguar los existentes y coadyuvar a conseguir la paz social (Aparicio Aldana, 2020, p. 105).

Este correlativo derecho y deber de información es una manifestación del principio de buena fe que tiene como consecuencia la imposición de un deber de confidencialidad a estos sujetos sobre cierta información sensible (Aparicio Aldana, 2020, p. 114).

Así ocurre, por ejemplo, con el deber de sigilo de los representantes de los trabajadores en virtud del art. 65.2 ET, el cual prescribe que "*los miembros del comité de empresa y éste en su conjunto, así como, en su caso, los expertos que les asistan deberán observar el deber de sigilo con respecto a aquella información que, en legítimo y objetivo interés de la empresa o del centro de trabajo, les haya sido expresamente comunicada con carácter reservado*". También se impide que se utilicen los documentos entregados por la empresa al comité, fuera del ámbito de aquella, ni para fines distintos de los que motivaron su entrega (art. 65.3 ET). Este deber subsiste "*tras la expiración de su mandato e independientemente del lugar en el que se encuentren*" art. 65.3 ET. Este derecho de información y su correlativo deber de sigilo se extiende también a los delegados sindicales (art. 10.3 LOLS) y a los delegados de prevención (art. 18 y 37.3 LPRL).

Esta información objetivamente calificada como reservada se refiere normalmente a aspectos económicos, comerciales, productivos o societarios que, de ser conocida, puede causar un impacto económico o comercial a la empresa.

A juicio de la doctrina (Aparicio Aldana, 2020, p. 115), el deber de sigilo también alcanza a aquella información que sin haber sido objetivamente declarada como reservada en atención a su contenido y trascendencia es adecuado mantenerla fuera del alcance de los trabajadores y de terceros al menos durante un tiempo.

El deber de confidencialidad o la obligación de usar estrictamente la información proporcionada para los fines determinados y la de devolver ciertos bienes de propiedad de la empresa también puede tener origen en determinadas cláusulas que se pactan con ciertos trabadores que, con ocasión de su prestación de servicios, pueden tener acceso a información reservada. En general, se tratará de las "*informaciones específicas relacionadas con secretos industriales, financieros o comerciales cuya divulgación pudiera, según criterios objetivos, obstaculizar el funcionamiento de la empresa o del centro de trabajo u ocasionar graves perjuicios en su estabilidad económica*" que el art. 65.4 ET permite que no sean comunicados a los representantes de los trabajadores.

Sobre esta información incide la Ley 1/2019, de 20 de febrero, de Secretos Empresariales. Esta norma considera que los trabajadores y sus representantes obtendrán información relativa a secretos empresariales de acuerdo con el derecho a ser informados y consultados de acuerdo con el derecho europeo o español y las prácticas vigentes (art. 2.1.c), esto es, atendiendo a la regulación anteriormente señalada en el Estatuto de los Trabajadores. Además, se considera violación de un secreto empresarial, sujeto a responsabilidad civil, su revelación, sin el consentimiento de su titular, incumpliendo un acuerdo de confidencialidad o cualquier otra obligación de revelar dicho secreto (art. 3.2).

Teniendo en cuenta esta normativa, cabría objetar que las obligaciones legales o pactos contractuales mencionados constituyen un límite para el uso de los canales de denuncia.

Sin embargo, como ha señalado la doctrina (Aparicio Aldana, 2020, pp. 114 y 115), la información referida a ilícitos laborales cometidos por el empresario no puede calificarse como secreta, algo sobre lo que incide la Ley 1/2019 al exceptuar del secreto los supuestos de comunicación que tenga como finalidad descubrir alguna ilegalidad en defensa del interés general.

En cualquier caso, las dudas quedan resueltas por la propia normativa de protección de los informantes, que, al objeto de facilitar las denuncias, establece una garantía específica para aquellos sujetos que con su actuación incumplan estas obligaciones de confidencialidad. En este sentido, el Considerando 91 de la Directiva (UE) 2019/1937 señala que "*no debe ser posible ampararse en las obligaciones legales o contractuales de las personas, como las cláusulas de fidelidad o los acuerdos de confidencialidad y no revelación para impedir las denuncias, para denegar la protección o para penalizar a los denunciantes por haber comunicado información sobre infracciones o haber efectuado una revelación pública cuando facilitar la información que entre dentro del alcance de dichas cláusulas y acuerdos sea necesario para revelar la infracción. Cuando se cumplan esas condiciones, los denunciantes no deben incurrir en responsabilidad alguna, ya sea civil, penal, administrativa o laboral. Es conveniente que haya una protección frente a la responsabilidad por la denuncia o revelación pública de información en virtud de la presente Directiva respecto de la información de la que el denunciante tenía motivos razonables para pensar que era necesario denunciar o hacer una revelación pública para poner de manifiesto una infracción en virtud de la presente Directiva. Dicha protección no debe hacerse extensiva a la información superflua que la persona hubiera revelado sin tener dichos motivos fundados*".

Estas consideraciones se han dispositivizado en el art. 21.2[19] Directiva (UE) 2019/1937 y en el art. 38.1 LRPI que, en consonancia con el anterior, determina que "*no se considerará que las personas que comuniquen información sobre las acciones u omisiones recogidas en esta ley o que hagan una*

---

19 Art. 21.2. *Sin perjuicio de lo dispuesto en el artículo 3, apartados 2 y 3, no se considerará que las personas que comuniquen información sobre infracciones o que hagan una revelación pública de conformidad con la presente Directiva hayan infringido ninguna restricción de revelación de información, y estas no incurrirán en responsabilidad de ningún tipo en relación con dicha denuncia o revelación pública, siempre que tuvieran motivos razonables para pensar que la comunicación o revelación pública de dicha información era necesaria para revelar una infracción en virtud de la presente Directiva.*

revelación pública de conformidad con esta ley hayan infringido ninguna restricción de revelación de información, y estas no incurrirán en responsabilidad de ningún tipo en relación con dicha comunicación o revelación pública, siempre que tuvieran motivos razonables para pensar que la comunicación o revelación pública de dicha información era necesaria para revelar una acción u omisión en virtud de esta ley, todo ello sin perjuicio de lo dispuesto en el artículo 2.3. Esta medida no afectará a las responsabilidades de carácter penal".

Como puede observarse esta exención de responsabilidad presenta dos condicionantes. Por un lado, el art. 2.3 LRPI aludido, como ya se señaló, establece que la aplicación de esta norma es complementaria con la normativa de prevención de riesgos laborales. Por otro lado, no se excluye la responsabilidad penal en la que pueda incurrir el comunicante por su actividad de información.

Además, el art. 38.1 LRPI añade que esta exención "*se extiende a la comunicación de informaciones realizadas por los representantes de las personas trabajadoras, aunque se encuentren sometidas a obligaciones legales de sigilo o de no revelar información reservada. Todo ello sin perjuicio de las normas específicas de protección aplicables conforme a la normativa laboral*".

Asimismo, el art. 2 de la Ley 1/2019 señala que se consideran lícitas las revelaciones de secretos empresariales en los casos y términos permitidos por el Derecho europeo o español (art. 2.2); y que, en todo caso no procederán las responsabilidades previstas en la norma, cuando la revelación del secreto se realice "*con la finalidad de descubrir, en defensa del interés general, alguna falta, irregularidad o actividad ilegal que guarden relación directa con el secreto empresarial*" (art. 2.3.b) o "*cuando los trabajadores lo hayan puesto en conocimiento de sus representantes, en el marco del ejercicio legítimo por parte de estos de las funciones que tienen legalmente atribuidas por el Derecho europeo o español, siempre que tal revelación fuera necesaria para ese ejercicio*" (art. 2.3.c). Parece claro que esta normativa remite, aun sin decirlo, a los canales de denuncia que pudieran estar previstos legalmente (de la Puebla Pinilla, 2019, p. 516; Martínez Saldaña et al., 2019).

Además, en relación con el apartado 2.3.c se ha señalado que, probablemente, se está haciendo referencia a la posibilidad de establecer que los representantes de los trabajadores sean los destinatarios de las denuncias y comunicaciones que se hacen por esta vía (de la Puebla Pinilla, 2019, p. 516; Martínez Saldaña et al., 2019), posibilidad que, como se ha señalado (Martínez Saldaña et al., 2019), ha sido sugerida por la *legal officer* de la Dirección General de Justicia en la Comisión Europea (Mercadé Piqueras, 2019).

4.4.3.3. La exoneración de responsabilidad por el acceso a la información

La siguiente medida protectora tiene en mi opinión mayor calado, pues tiene que ver con la manera en que se accede a la información que se comunica a través del canal de denuncias. Efectivamente, en el supuesto analizado anteriormente se protege la revelación de una comunicación sobre la que pesa una obligación de reserva de confidencialidad, pero que se entiende que se ha accedido a la misma lícitamente de acuerdo con los cauces legales o contractuales establecidos.

Sin embargo, la normativa de protección de los denunciantes va más allá. De esta manera, extiende la protección a los supuestos de obtención de forma ilícita sujeta a responsabilidad civil, administrativa o laboral. Así lo expresa el Considerando 92 Directiva (UE) 2019/1937 que advierte que la protección del denunciante "*debe aplicarse tanto a los casos en los que el denunciante revele el contenido de documentos a los que tenga acceso lícitamente como a aquellos en los que realice copias de los mismos o los retire de los locales de la organización de la cual es trabajador en contravención de cláusulas contractuales o de otro tipo que estipulen que dichos documentos son propiedad de la organización. Los denunciantes deben gozar asimismo de inmunidad cuando la adquisición de la información o los documentos o la obtención de acceso a ellos pudiera generar responsabilidades de tipo civil, administrativo o laboral. Ejemplos de ello serían casos en que el denunciante hubiera obtenido la información accediendo a mensajes de correo electrónico de un compañero o consultando documentos que no utiliza habitualmente en el marco de su trabajo, o fotografiando los locales de la organización, o entrando en lugares a los que no suele tener acceso*". En cambio, continúa advirtiendo el Considerando, la protección decaerá si en la obtención de la información se ha cometido un delito, en cuyo caso "*su responsabilidad penal ha de seguir rigiéndose por el Derecho nacional aplicable, sin perjuicio de la protección que otorga el artículo 21, apartado 7, de la presente Directiva*". También deberá quedar excluida de protección "*cualquier otra responsabilidad del denunciante derivada de acciones u omisiones que no guarden relación con la denuncia o no resulten necesarias para revelar una infracción en virtud de la presente Directiva*", en cuyo caso dicha responsabilidad "*debe regirse por el Derecho de la Unión o nacional aplicable. En tales casos, deben ser los órganos jurisdiccionales nacionales los que evalúen la responsabilidad del denunciante a la luz de toda la información objetiva pertinente y teniendo en cuenta las circunstancias particulares del caso, incluida la necesidad y la proporcionalidad de la acción u omisión en relación con la denuncia o revelación pública*".

La plasmación de estas consideraciones en el texto normativo se acomoda, por un lado, en el art. 21.3 de la Directiva, en virtud del cual "*los denunciantes no incurrirán en responsabilidad respecto de la adquisición o el acceso a la información que es comunicada o revelada públicamente, siempre que dicha adquisición o acceso no constituya de por sí un delito. En el caso de que la adquisición o el acceso constituya de por sí un delito, la responsabilidad penal seguirá rigiéndose por el Derecho nacional aplicable*". Y, por otro lado, en el art. 21.4 Directiva, referido a la no exoneración de "*cualquier otra posible responsabilidad de los denunciantes derivada de actos u omisiones que no estén relacionados con la denuncia o la revelación pública o que no sean necesarios para revelar una infracción en virtud de la presente Directiva* que *seguirán rigiéndose por el Derecho de la Unión o nacional aplicable*".

En la LRPI se integran en el art. 38.2 y 3 de la siguiente manera: *los informantes no incurrirán en responsabilidad respecto de la adquisición o el acceso a la información que es comunicada o revelada públicamente, siempre que dicha adquisición o acceso no constituya un delito"; y "cualquier otra posible responsabilidad de los informantes derivada de actos u omisiones que no estén relacionados con la comunicación o la revelación pública o que no sean necesarios para revelar una infracción en virtud de esta ley serán exigibles conforme a la normativa aplicable".*

Durante la tramitación de la norma el art. 38.2 incorporaba, junto a los delitos, las faltas muy graves, lo que remitía a posibles infracciones laborales o administrativas que podían implicar una rebaja de la protección del informante establecida en la Directiva europea, por lo que su supresión en la redacción definitiva acomoda mejor nuestro texto legal a la misma.

No obstante, ha habido quien ha manifestado dudas sobre el alcance protector de esta previsión, por el hecho de dejar fuera la responsabilidad penal, que sería la que realmente puede llevar a quien se plantea denunciar si continua adelante con la comunicación de los hechos, señalando que "el hecho de que no se haya perfilado claramente una causa de justificación aplicable a estos casos de revelación sigue dejando la cuestión en manos de los tribunales, para los que será crucial en sus decisiones la distinción entre «información de la que el denunciante tenía motivos razonables para pensar que era necesario denunciar o hacer una revelación pública para poner de manifiesto una infracción en virtud de la presente Directiva» y «la información superflua que la persona hubiera revelado sin tener dichos motivos fundados», así como «la necesidad y la proporcionalidad de la acción u omisión en relación con la denuncia o revelación pública» (Considerandos 91 y 92)" (Ragués i Vallés, 2020, p. 9/14).

4.4.3.4. Medidas procesales

En el art. 21.8 de la Directiva (UE) 2019/1937 se establece que *"los Estados miembros adoptarán las medidas necesarias para garantizar que se proporcionen vías de recurso e indemnización íntegra de los daños y perjuicios sufridos por las personas a que se refiere el artículo 4 de conformidad con el Derecho nacional"*. Con ello se enuncia la necesidad de integrar en los procesos judiciales que puedan derivarse de las denuncias planteadas y de las represalias sufridas por los informantes.

En especial hay que mencionar las siguientes:

a) **Medidas cautelares**

El art. 21.6 Directiva (UE) 2019/1937 determina que "*las personas a que se refiere el artículo 4 tendrán acceso a medidas correctoras frente a represalias, según corresponda, incluidas medidas provisionales a la espera de la resolución del proceso judicial, de conformidad con el Derecho nacional*". El objetivo de estas medidas provisionales es, como señala el Considerando 96, "*poner fin a amenazas, tentativas o actos continuados de represalia, como el acoso, o para prevenir formas de represalia como el despido, que puede ser difícil de revertir una vez transcurrido un largo período y arruinar económicamente a una persona*".

La LRPI no ha trasladado esta previsión a la normativa interna, lo que lleva a pensar que el legislador español ha entendido que no se requerían ajustes en este sentido. Pues bien, entiendo que a este supuesto serían aplicables las medidas cautelares del art. 180 de la Ley de la Jurisdicción Social en relación al procedimiento de tutela de los derechos fundamentales y libertades públicas, esto es la suspensión del acto impugnado; y en los casos de que la represalia se haya ejercido como un acoso "*la suspensión de la relación o la exoneración de prestación de servicios, el traslado de puesto o de centro de trabajo, la reordenación o reducción del tiempo de trabajo y cuantas otras tiendan a preservar la efectividad de la sentencia que pudiera dictarse, incluidas, en su caso, aquéllas que pudieran afectar al presunto acosador o vulnerador de los derechos o libertades objeto de la tutela pretendida, en cuyo supuesto deberá ser oído éste*".

Sí se ha introducido una previsión específica para la adopción de medidas provisionales en los procedimientos sancionadores que instruya la AAI en los términos establecidos en el artículo 56 de la Ley 39/2015, de 1 de octubre, del Procedimiento Administrativo Común de las Administraciones Públicas.

b) **Inversión de la carga de la prueba**

En el Considerando 93 de la Directiva (UE) 2019/1937 se señala que, "*una vez que el denunciante demuestre, razonablemente, que ha denunciado infracciones o que ha efectuado una revelación pública de conformidad con la presente Directiva y que ha sufrido un perjuicio, la carga de la prueba debe recaer en la persona que haya tomado la medida perjudicial, a quien se debe entonces exigir que demuestre que las medidas adoptadas no estaban vinculadas en modo alguno a la denuncia o la revelación pública*". Se establece una presunción que traslada a la organización la obligación de demostrar, lejos de toda duda, que no se ha llevado a cabo una represalia contra el denunciante. Además, la premisa que da lugar a la presunción, la existencia de una denuncia o revelación pública que le causado un perjuicio, se relativiza. Efectivamente, la "demostración razonable" a la que alude el precepto nos remite a un debilitamiento en la carga de la prueba, a la también denominada prueba de indicios, en la que se exime al demandante de lograr una prueba plena sobre estos aspectos.

Sin embargo, la proyección normativa de este enunciado obvia este aspecto. Efectivamente, el art. 21.5 de la Directiva europea establece que la carga de la prueba recae en la persona que haya tomado la medida perjudicial, "*a reserva*" de que el informante "*establezca que ha denunciado o ha hecho una revelación pública y que ha sufrido un perjuicio*". En mi opinión se da a entender que se requiere una prueba plena sobre estos aspectos por parte del informante, no bastando con la aportación de indicios para establecer el canal de denuncia utilizado y la existencia de dicho perjuicio. En principio, la denuncia ante canales externos o la revelación pública, cuando haya sido publicitada por los medios de información, no va a tener mayores problemas de prueba; sin embargo, las denuncias ante canales internos de comunicación pueden ser manipuladas por la organización y, por tanto, su prueba puede resultar más complicada. Esta misma situación podría darse también en los supuestos de revelación pública no comunicados y silenciados por los medios, pero conocidos por la organización y por tanto con posibilidad de ser represaliados.

La Ley española, sin embargo, recupera el sentir del Considerando 93 de la Directiva. De esta manera, el art. 38.4 LRPI prescribe que, *"en los procedimientos ante un órgano jurisdiccional u otra autoridad relativos a los perjuicios sufridos por los informantes, una vez que el informante haya demostrado razonablemente que ha comunicado o ha hecho una revelación pública de conformidad con esta ley y que ha sufrido un perjuicio, se presumirá que el perjuicio se produjo como represalia por informar o por hacer una revelación pública. En tales casos, corresponderá a la persona que haya tomado la medida perjudicial probar que esa medida se basó en motivos debidamente justificados no vinculados a la comunicación o revelación pública"*. La recuperación de la "demostración razonable" puede entenderse como una mejora respecto de la normativa europea. Por lo demás, la norma española mantiene el juego de esta presunción en relación con todos los procedimientos ante un órgano jurisdiccional u otra autori dad, corrigiendo el menoscabo de protección que figuraba en la versión en trámite de la norma que limitaba esta protección a los procedimientos laborales.

c) **Concreción procesal de la exoneración de responsabilidad**

Si la medida anterior plantea la existencia de un juicio iniciado por el informante que ha sufrido una represalia, en otro sentido la norma atiende también a los denunciantes en los juicios que puedan seguirse contra ellos por los efectos que produce el contenido de la información revelada.

En este sentido, de forma muy similar a como lo hace la norma europea[20], el art. art. 38.5 LRPI señala que "*en los procesos judiciales, incluidos los relativos a difamación, violación de derechos de autor, vulneración de secreto, infracción de las normas de protección de datos, revelación de secretos empresariales, o a solicitudes de indemnización basadas en el derecho laboral o estatutario, las personas a que se refiere el artículo 3 de esta ley no incurrirán en responsabilidad de ningún tipo como consecuencia de comunicaciones o de revelaciones públicas protegidas por la misma. Dichas personas tendrán derecho a alegar en su descargo y en el marco de los referidos procesos judiciales, el haber comunicado o haber hecho una revelación pública, siempre que tuvieran motivos razonables para pensar que la comunicación o revelación pública era necesaria para poner de manifiesto una infracción en virtud de esta ley*".

Como puede observase esta garantía queda supeditada a la existencia de una conexión razonable entre la comunicación y sus efectos ilícitos, por lo que, si finalmente estos efectos no se dan, se mantiene la protección del informante, siempre y cuando éste actuara de buena fe en la creencia de que sí constituía una infracción.

---

20 El art. 21.7 Directiva (UE) 2019/1937 señala que: "*en los procesos judiciales, incluidos los relativos a difamación, violación de derechos de autor, vulneración de secreto, infracción de las normas de protección de datos, revelación de secretos comerciales, o a solicitudes de indemnización basadas en el Derecho laboral privado, público o colectivo, las personas a que se refiere el artículo 4 no incurrirán en responsabilidad de ningún tipo como consecuencia de denuncias o de revelaciones públicas en virtud de la presente Directiva. Dichas personas tendrán derecho a alegar en su descargo el haber denunciado o haber hecho una revelación pública, siempre que tuvieran motivos razonables para pensar que la denuncia o revelación pública era necesaria para poner de manifiesto una infracción en virtud de la presente Directiva*".
Cuando una persona denuncie o revele públicamente información sobre infracciones que entran en el ámbito de aplicación de la presente Directiva, y dicha información incluye secretos comerciales, y cuando dicha persona reúna las condiciones establecidas en la presente Directiva, dicha denuncia o revelación pública se considerará lícita en las condiciones previstas en el artículo 3, apartado 2, de la Directiva (UE) 2016/943".

4.4.4. Medidas de protección de las personas afectadas

Evidentemente, la protección del denunciante no puede suponer una vulneración gratuita e injustificada del derecho de los sujetos afectados por la denuncia. Cuando colisionan derechos fundamentales es necesaria una ponderación de los bienes jurídicos en conflicto. Como se ha señalado, la exigencia de eficacia en la detección e investigación no puede suponer una merma de los derechos y garantías de los ciudadanos (Caro Catalán, 2021, p. 2197).

Por ello, el art. 39 LRPI, de rúbrica, "medidas para la protección de las personas afectadas", determina que "*durante la tramitación del expediente las personas afectadas por la comunicación tendrán derecho a la presunción de inocencia, al derecho de defensa y al derecho de acceso al expediente en los términos regulados en esta ley, así como a la misma protección establecida para los informantes, preservándose su identidad y garantizándose la confidencialidad de los hechos y datos del procedimiento*". Con ello se da cumplimiento a los requisitos mínimos establecidos en la Directiva europea en relación con la protección de estas personas[21].

---

[21] Art. 22 Directiva (UE) 2019/1937. *Medidas para la protección de las personas afectadas*
1. Los Estados miembros velarán, de conformidad con la Carta, porque las personas afectadas gocen plenamente de su derecho a la tutela judicial efectiva y a un juez imparcial, así como a la presunción de inocencia y al derecho de defensa, incluido el derecho a ser oídos y el derecho a acceder a su expediente.
2. Las autoridades competentes velarán, de conformidad con el Derecho nacional, porque la identidad de las personas afectadas esté protegida mientras cualquier investigación desencadenada por la denuncia o la revelación pública esté en curso.
3. Las normas establecidas en los artículos 12, 17 y 18 referidas a la protección de la identidad de los denunciantes se aplicarán también a la protección de la identidad de las personas afectadas.

5. Régimen sancionador

La efectividad de la norma sobre protección de los informantes se hace depender en gran parte de un régimen sancionador dirigido a los sujetos que incumplan las obligaciones establecidas en dicha norma.

La Directiva europea, en el art. 23.1, ya avanzaba la necesidad de establecer un régimen sancionador efectivo, proporcionado y disuasorio cuando las personas jurídicas: a) impidan o intenten impedir las denuncias; b) adopten medidas de represalia contra las personas a que se refiere el artículo; c) promuevan procedimientos abusivos contra las personas a que se refiere el artículo 4; y d) incumplan el deber de mantener la confidencialidad de la identidad de los denunciantes. Ahora bien, con base en el art. 23.2 de la Directiva, también se deben sancionar con los mismos parámetros de efectividad, proporcionalidad y disuasión a quienes comuniquen, por cualquiera de los medios previstos, información falsa a sabiendas, incluyendo las correspondientes indemnizaciones por daños y perjuicios.

La LRPI dedica los artículos 60 y siguientes a esta cuestión, estableciendo un régimen específico de sanciones de evidente trascendencia laboral. Esta trascendencia se pone de relieve en la delimitación de los sujetos responsables que hace la norma. De acuerdo con el art. 62.1 LRPI los sujetos responsables son "*las personas físicas y jurídicas que realicen cualquiera de las actuaciones descritas como infracciones en el artículo 63*"; y en atención a los supuestos descritos en dicho precepto, coincidentes con los señalados en la directiva, en la mayoría de los casos, la responsabilidad va a recaer sobre la empresa, sus órganos de gobierno, sus directivos y/o en los órganos o personas designadas para gestionar los canales de denuncias, así como en los trabajadores de la empresa. Debe mencionarse que la LPRI, además, establece que "*cuando la comisión de la infracción se atribuya a un órgano colegiado la responsabilidad será exigible en los términos que señale la resolución sancionadora*", quedando "*exentos de responsabilidad aquellos miembros que no hayan asistido por causa justificada a la reunión en que se adoptó el acuerdo o que hayan votado en contra del mismo*" (art. 62.2 LRPI); y que "*la exigencia de responsabilidades derivada de las infracciones tipificadas en esta ley se extenderá a los responsables incluso aunque haya desaparecido su relación o cesado en su actividad en o con la entidad respectiva*".

Sin embargo, pese a la coincidencia de sujetos infractores, no existe identidad entre este régimen sancionador y el establecido en la LISOS para los incumplimientos en el orden social. De hecho, ni siquiera es coincidente la autoridad sancionadora competente, que, en esta materia, será la AAI o agencia equivalente a nivel autonómico (art. 61 LRPI), que es inicialmente la única con facultades al respecto. Y, además, como se ha señalado, tampoco existe coincidencia en cuanto a los hechos causantes de la responsabilidad, "en tanto que lo que esta ley está sancionando, y ello es de vital importancia reiterarlo, no es la infracción o delito en sí que esté siendo informado o revelado, sino las infracciones que pueden cometerse sobre los derechos, obligaciones y garantías contempladas en la ley, básicamente respecto a la persona informante y a las personas afectadas" (Rodríguez-Piñero y Bravo-Ferrer & Del Rey Guanter, 2023), lo que además determina que no se esté ante un supuesto de violación del principio *non bis in idem* (Del Rey Guanter, 2023b, p. 18). No obstante, en algún caso, se produce alguna intersección entre ambos ámbitos que, como ahora se verá, puede provocar alguna distorsión.

Pues bien, en relación con los distintos supuestos descritos en el art. 63 LRPI, al igual que en la Directiva van destinados a garantizar la utilización de los canales de denuncias, sancionando cualquier actuación que dificulte o impida su funcionamiento o incluso el acceso al mismo, de hecho, se califica como infracción muy grave "*cualquier actuación que suponga una efectiva limitación de los derechos o garantías previstos en ley introducida a través de contratos o acuerdos a nivel individual o colectivo, y en general cualquier intento o acción efectiva de obstaculizar la presentación de comunicacio-*

nes..." (art. 63.1.a LPPI) o la revelación de la identidad de los informantes (63.1.c LRPI) que puede dar lugar a medidas de presión para desincentivar su actuación; y a garantizar la protección del informante. Así, la "*adopción de cualquier represalia derivada de la comunicación frente a los informantes...*" constituye una infracción muy grave (art. 63.1.b) LPPI), lo cual, como se ha señalado, dada la elevada cuantía de las sanciones previstas (art. 65 LPPI), puede ser un instrumento preventivo y eficaz para reprimir la adopción de cualquier medida desfavorable hacia el trabajador como respuesta a su condición de informante (de la Puebla Pinilla, 2023, p. 45).

De la misma manera, siguiendo lo establecido en la Directiva, la efectividad del procedimiento también se hace recaer en los propios informantes, por lo que también se considera infracción muy grave "*comunicar o revelar públicamente información a sabiendas de su falsedad*" (art. 63.1.f LPPI).

Cuando, como este último caso, pero también en otros en los que los trabajadores actúan como sujetos causantes, la infracción la comete un trabajador, la norma señala expresamente la compatibilidad de esta sanción administrativa con la sanción derivada del ejercicio del poder disciplinario en la empresa (art. 67 LRPI).

Por lo demás, alguno de los supuestos de intersección entre regímenes sancionadores públicos a los que hace unos párrafos he aludido ya han sido puestos de manifiesto por la doctrina. Así, se señala que puede darse una eventual identidad de hechos tipificados como infracción en la LRPI y en la LISOS, en el caso de que la represalia tenga como origen la información o denuncia de discriminación. Esta infracción empresarial podría incluirse tanto en el art. 63.1.b LRPI, en relación con las represalias indicadas en el art. 38.3.g LRPI, como en el art. 8.12 de la LISOS (Rodríguez-Piñero y Bravo-Ferrer & Del Rey Guanter, 2023).

Otros posibles casos de coincidencia podrían darse cuando, en atención al art, 38.3.g LRPI, la represalia adopte la forma de acto discriminatorio o de acoso, en cuyo caso también podrían entrar en juego los arts. 8.12 LISOS, en relación con el acto discriminatorio, y art. 8.13 LISOS, si la represalia se manifiesta mediante un acoso sexual.

La cuestión tiene especial trascendencia si se tiene en cuenta la gran diferencia existente entre la cuantía de las sanciones en uno y otro caso. Así, de aplicarse la LISOS la cuantía máxima sería de 225.018€, mientras que si se aplica la LRPI la cuantía máxima sería de 300.000€ si se trata de personas físicas y 1.000.000€ en caso de personas jurídicas (art. 65.1.a y b LRPI). Para la doctrina, en atención al principio de ley aplicable por especialidad material "seguramente deberemos inclinarnos por la aplicación preferente de la LISOS en estos posibles casos de potencial concurrencia infractora por represalia en supuestos de reclamación por discriminación. Desde luego, en el caso de que el tipo no pueda ser encajado en el art. 8.12 de la LISOS por las características de la reclamación, y si pudiera incluirse en el ámbito material de la Ley 2/2023, sus arts. 63-65 serían de aplicación" (Rodríguez-Piñero y Bravo-Ferrer & Del Rey Guanter, 2023).

6. Un par de reflexión críticas a modo de conclusión

Para acabar este trabajo quiero traer a colación dos reflexiones que me ha suscitado el estudio y análisis de la LPRI.

La primera de ellas hace referencia a la multiplicación de los protocolos para posibilitar denuncias y comunicar información en el seno de las empresas en los últimos tiempos, dando lugar a solapamientos y a un complicado entramado normativo, como ha hecho notar la doctrina en relación con los protocolos anti-acoso y de gestión de la diversidad (Nieto Rojas, 2023).

Como se ha señalado en ese estudio, uno de los antecedentes más obvios de la LRPI y en general de toda la normativa sobre el *whistleblowing* se encuentra en el *compliance* penal que trajo consigo el reconocimiento de la responsabilidad penal a las personas jurídicas y la posibilidad de exonerar dicha responsabilidad si se tomaban medidas en la empresa para evitar la comisión de los delitos que daban lugar a la misma, lo que implica crear un procedimiento interno para que puedan denunciarse estas conductas ilícitas e investigarse eficazmente. La Ley Orgánica 10/2022, de 6 de septiembre, de garantía integral de la libertad sexual (LOGILS) amplió los delitos que dan lugar a la responsabilidad jurídica, incluyendo los tipificados en el art. 173 y 184 CP, que permiten perseguir penalmente las conductas de acoso, en cualquiera de sus modalidades, en el ámbito laboral (Altés Tárrega, 2021). De esta manera, la extensión del ámbito objetivo efectuada por la LRPI para incluir en los canales de denuncias la información sobre delitos penales ha producido un efecto de superposición. Todas la empresas (personas jurídicas), independientemente de su dimensión personal, deberán implantar canales de denuncias para comunicar infracciones penales e investigarlas a efectos de eludir la responsabilidad del art. 31 bis CP y todos los empresarios (personas físicas) y las organizaciones empresariales (personas jurídicas) de más de 50 trabajadores están obligadas a implantar canales de denuncias para permitir la información sobre estos mismo delitos y sobre el resto de materias referidas en la LRPI.

En consecuencia, cabe esperar que la pequeña y mediana empresa constituida con personalidad jurídica, aunque no esté obligada a ello, incorpore estos canales de denuncia, por lo que entrará en juego el art. 10.2 LRPI que determina que "*las personas jurídicas del sector privado que no estén vinculadas por la obligación impuesta en el apartado 1 podrán establecer su propio Sistema interno de información, que deberá cumplir, en todo caso, los requisitos previstos en esta ley*". Parece obvio que debería haberse enfocado mejor este aspecto y unificar criterios en relación con los procedimientos y sus efectos.

La maraña normativa se incrementa si tomamos como referencia la violencia y el acoso en el trabajo. El Convenio 190 OIT sobre violencia y acoso en el trabajo de 2019, que ha entrado en vigor en España en mayo de 2023, obliga a todas las empresas, independientemente de su tamaño y de su configuración jurídica a tomar medidas para prevenir y erradicar cualquier forma de violencia y acoso en el trabajo, lo que lleva a preguntarse si ello implica implantar canales de denuncias para informar de la existencia de estas conductas (Nieto Rojas, 2023, p. 133 y ss.). A mi juicio, si bien el aspecto preventivo, muy dejado de lado en nuestra normativa, debe encauzarse especialmente a través de los planes de prevención en relación con los riesgos psicosociales, los protocolos de actuación antiviolencia y acoso, además de cumplir con una función disuasoria y, por tanto, preventiva, son necesarios para poner fin a estos ilícitos y solventar la situación de los trabajadores agredidos.

A priori, parece que esta obligación para los países ratificantes del Convenio 190 OIT se cumpliría en nuestro ordenamiento jurídico mediante el art. 12.1 LOGILS, el cual, como ya se advirtió, obliga a todas las empresas a promover condiciones de trabajo que eviten delitos y otras conductas contra la libertad sexual y la integridad moral en el ámbito de la empresa y, en este contexto, a "*arbitrar procedimientos específicos para su prevención y para dar cauce a las denuncias o reclamaciones que puedan formular quienes hayan sido víctimas de estas conductas, incluyendo específicamente las sufridas en el ámbito digital*". No obstante, no todas las conductas de violencia y acoso dan lugar a una conducta contra la libertad sexual o la integridad moral, por lo que todavía queda cierto ámbito por cubrir.

Por otro lado, con carácter específico, según establece el art. 15 de la Ley 4/2023, de 28 de febrero, para la igualdad real y efectiva de las personas trans y para la garantía de los derechos de las personas LGTBI, estos canales de denuncias son obligatorios, también en las empresas de más de 50 trabajadores, para los casos de acoso y violencia que afectan a las personas LGTBI. La generalidad con la que se describen las conductas en la LOGILS 10/2022 incluye, a mi modo de ver, las posibles situaciones de violencia y acoso que puede sufrir una persona LGTBI y, dado que las medidas de prevención y para dar cauce a las denuncias son exigibles en todas las empresas, independientemente de su tamaño, resulta difícil determinar que plus aporta el art. 15 Ley 4/2023, salvo que, como defiende algún autor se entienda que la obligación establecida en este precepto va más allá y configura un plan de igualdad de empresa específico para las personas LGTBI en el que se deberá incorporar el protocolo de prevención protección frente al acoso y la violencia de este colectivo (Moreno Solana, 2023a).

Pues bien, ciertamente la LRPI no se contempla como tal un protocolo de actuación, pero, si se tiene en cuenta que, tradicionalmente, éstos se han identificado con los procedimientos para prevenir estas conductas y dar cauce a las denuncias todas estas normas se solapan. Sin embargo, aunque la relación de conductas de violencia y acoso en el trabajo que se sancionan como infracciones administrativas graves y muy graves o como delitos es muy amplia, no cubre todo el espectro de conductas posibles, por lo que hasta las empresas obligadas a implantar canales internos de denuncia por esta norma deberán tener otros sistemas para dar cumplimiento a las obligaciones en materia de violencia y acoso.

Puede argüirse que la LRPI minimiza este problema cuando en el art. 7.4 LPRI permite habilitar los canales de denuncias para la recepción de cualquier información ajena a la que determina su ámbito objetivo, lo que permitiría unificar todos estos procedimientos. Sin embargo, por un lado, no creo que pueda integrarse de esta manera el canal de denuncias en relación con los trabajadores LGTBI, pues parece que la Ley 4/2023 quiere darle visibilidad como tal; y, por otro lado, en relación con los que sí se podrían integrar, el art. 7.4 LRPI no extiende la protección de la norma a estos informantes. Esta exclusión a mi modo de ver carece de sentido si se tiene en cuenta que estos otros canales de denuncias vienen también exigidos legalmente. De todas maneras, el informante no quedará desprotegido, pues mantendrá la tutela que dispensan otros derechos ya mencionados como el derecho a la libertad de expresión e información y también la garantía de indemnidad (Piqueras García, 2023, p. 31).

A la vista de esta "diversidad" y la inseguridad jurídica que trae consigo se impone la unificación de protocolos y de criterios para establecerlos. Como ya se apuntó tras la aprobación de la Directiva y su limitación objetiva a las infracciones del Derecho de la Unión, por razones claras de eficiencia, la mayoría de las organizaciones optan por un único sistema de denuncia adaptado al marco jurídico más intervencionista (Ragués i Vallés, 2020, p. 4/14).

En este último sentido, abogo, en lo que parece que es una opción legislativa bastante generalizada y razonable, porque sean obligatorios sólo para las empresas de más de 50 trabajadores, sin que ello implique que en la pequeña y mediana empresa no se generen responsabilidades por los incumplimientos en relación con todas materias, sino que puedan gestionar estas cuestiones de manera más informal y que la exención de responsabilidad se sujete a la demostración de que actuaron diligentemente. De acuerdo con esta idea, se ha señalado que habría que recomendar a la Fiscalía española que reconsiderara "su afirmación categórica en la Circular de 2016 de que el canal de denuncias es un elemento imprescindible en cualquier modelo de prevención de delitos y a limitar tal exigencia a personas jurídicas de unas determinadas dimensiones. La cifra de cincuenta empleados, establecida en la Directiva, parece razonable" (Ragués i Vallés, 2020, p. 4/14).

La segunda cuestión, a la que me voy a referir de forma muy breve, tiene que ver con el coste empresarial de todos estos procedimientos que se suman a otras obligaciones que, de acuerdo con la normativa laboral, asumen las empresas de más de 50 trabajadores en materias tales como la contratación y la regulación del empleo, la prevención de riesgos laborales, el registro salarial, la elaboración de planes de igualdad, etc.

Así pues, pese a los indudables beneficios que aportan los canales de denuncias a la sociedad y a las propias empresas, debe evitarse que determinen un aumento directo de los costes económicos y organizacionales de las empresas. Tal y como se ha advertido, "deben implementarse en un modo que no perjudiquen la productividad, la innovación y la cultura de la legalidad de la organización o creen un clima de desconfianza que no sólo puede ser económicamente contra productivo, sino que puede dar lugar a falsas acusaciones o a estrategias de develamiento de secretos protegidos legalmente" (Engelhart, 2018, p. 18; Bermejo, 2020, p. 4/23).

En este sentido, son plausibles las medidas ya comentadas que tanto la Directiva como la LRPI establecen para economizar costes, pero seguramente no serán suficientes y sumadas a esas otras obligaciones se convierten en una losa para transformar nuestro tejido productivo, que, como es sabido, está compuesto en más del 99% por pequeña y mediana empresa[22].

---

22 Según datos de 1 de enero 2022 extraídos del Directorio Central de Empresas (DIRCE) sólo el 0,1% de las empresas españolas son grandes empresas.

Bibliografía

Abazi, V. (2020). The European Union Whistleblower Directive: A "Game Changer" for Whistleblowing Protection? *Industrial Law Journal, 49*(4), 640-656. https://academic.oup.com/ilj/article/49/4/640/5941617

Altés Tárrega, J. A. (2021). La represión penal del acoso en el trabajo. *Labos. Revista de Derecho del Trabajo y Protección Social, 2*(1), 43-67. https://doi.org/10.20318/labos.2021.6046

Aparicio Aldana, R. K. (2020). *Derechos a la libertad de información y expresión en el contrato de trabajo.* J. M. Bosch.

Armenta Deu, T. (2021). *Derivas de la justicia: tutela de los derechos y solución de controversias en tiempos de cambios.* Marcial Pons.

Ayala González, A. (2020). Investigaciones internas: ¿zanahorias legislativas y palos jurisprudenciales? *InDret, 2,* 270-303. https://doi.org/10.31009/lndret.2020.i2.08

Benítez Palma, E. (2018). El control externo y el whistleblowing (canales de denuncia). *Revista española de control externo, XX*(59), 11-42.

Bermejo, M. (2020). Whistleblowing. Evolución y caracteres esenciales en el Derecho comparado y en la Directiva Europea 2019/1937. *La Ley Compliance Penal, 2.*

Blázquez Agudo, E. M. (2019). Canal de denuncias o Whistleblowing en el ámbito laboral. En A. De la Puebla Pinilla & Mercader Uguina Jesús (Eds.), *Tiempo de reformas. En busca de la competitividad empresarial y de la cohesión social.* Tirant lo Blanch.

Bogoni, M. (2019). Garantía de indemnidad y tutela antidiscriminatoria. Una propuesta de estudio desde el derecho social europeo. *Revista Galega de Dereio Social, 9.*

Bustos Gisbert, R. (1994). El concepto de libertad de información a partir de su distinción de la libertad de expresión. *Revista de Estudios Políticos, 85,* 261-289.

Campanón Galiana, L. (2020). Análisis de la Directiva (UE) 2019/1937 del Parlamento Europeo y del Consejo de 23 de octubre de 2019 (Whistleblowing), relativa a la protección de las personas que informen sobre infracciones del Derecho de la Unión. *Carta Tributaria. Revista de opinión, 59.*

Cano Galán, Y. (2023). La reclamación informal ad intra como indicio de vulneración de la garantía de indemnidad: un nuevo avance jurisprudencial respecto de la nulidad del despido por vulneración del derecho a la tutela judicial efectiva. *Diario La Ley, 10241.*

Caro Catalán, J. (2021). La Directiva "Whistleblowing": Aspectos clave de su transposición al ordenamiento jurídico español. *Revista Brasileira de Direito Processual Penal,* 7(3), 2155-2200. https://doi.org/10.22197/RBDPP.V7I3.552

Cavas Martínez, F. (2006). La garantía de indemnidad del trabajador que presenta reclamaciones judiciales o extrajudiciales contra su empresario. *Revista Doctrinal Aranzadi Social, 4.*

Criado Enguix, J. (2022). Retos en la transposición de la Directica Whistleblowing. *Revista General de Derecho Europeo, 57,* 385-420. https://www.boe.es/doue/2019/305/L00017-00056.pdf

de la Puebla Pinilla, A. (2019). Impacto laboral de la ley de secretos empresariales una norma para proteger la competitividad empresarial. En A. de la Puebla Pinilla & J. R. Mercader Uguina (Eds.), *Tiempo de reformas: en busca de la competitividad empresarial y de la cohesión social* (pp. 497-536). Tirant lo Blanch.

de la Puebla Pinilla, A. (2023). Ley 2/2023, de protección de los informantes. Problemas aplicativos desde una perspectiva laboral. *LABOS Revista de Derecho del Trabajo y Protección Social, 4*(Número Extraordinario. Tormenta de Reformas), 32-49. https://doi.org/10.20318/labos.2023.7929

Del Rey Guanter, S. (1994). *Libertad de expresión e información en el contrato de trabajo.* Civitas.

Del Rey Guanter, S. (2023a). La relación entre las vías de comunicación de las infracciones en la Ley 2/2023 de protección del informante desde la perspectiva de la persona trabajadora y su empleadora. *IUSLabor, 2,* 8-30. https://doi.org/10.31009/IUSLabor.2023.i02.01

Del Rey Guanter, S. (2023b). La relevancia para la empresa y para la persona trabajadora del ámbito material y de las exclusiones de tutela de la Ley 2/2023, reguladora de la protección del informante sobre infracciones normativas. *Trabajo y Empresa. Revista de Derecho del Trabajo,* 2(2), 9-34.

Dopico Gómez-Aller, J. (2018). Responsabilidad penal de las personas jurídicas. En N. de la Mata Barranco, J. Dopico Gómez-Aller, J. A. Lascuraín Sánchez, & A. Nieto Martín (Eds.), *Derecho penal económico y de la empresa.* Dickynson.

Elorza Guerrero, F. (2003). La información facilitada por el trabajador como causa de despido disciplinario. STC 126/2003, de 30 de junio. *Temas Laborales, 72*, 235-248.

Engelhart, M. (2018). The nature and basic problems of compliance regimes. En M. Engelhart (Ed.), *Revue Internationale de Droit Penal* (Número 2). Max-Planck-Institut für ausländisches und internationales Strafrecht. https://doi.org/10.30709/archis-2018-3

Fernández Ramos, S. (2023). Ley 2/2023, de 20 de febrero, de protección al informante: ámbito material de aplicación. *Revista General de Derecho Administrativo, 63.*

Folgoso Olmo, A. (2021). *La Garantía de Indemnidad.* BOE.

Gallego Soler, J. I. (2014). Criminal Compliance y proceso penal: reflexiones iniciales. En Mir Puig, Corcoy Bidasolo, & Gómez Martín (Eds.), *Responsabilidad de la Empresa y Compliance. Programas de prevención, detección y reacción penal.*

García-Moreno, B. (2020). *Del whistleblower al alertador. La regulación europea de los canales de denuncia.* Tirant lo Blanch.

García-Moreno García de la Galana, B. (2018). *Los alertadores: una propuesta de regulación.* Universidad de Castilla-La Mancha.

Gómez Abelleira, F. J. (2023, abril 13). *La prohibición de represalia contra el informante en la Ley 2/2023.* Foro de Labos. https://www.elforodelabos.es/2023/04/la-prohibicion-de-represalia-contra-el-informante-en-la-ley-2-2023/?utm_source=mailpoet&utm_medium=email&utm_campaign=las-ultimas-newsletter-total-entradas-de-nuestro-blog_5

Guamán Hernández, A. (2006). *La libertad de información del trabajador. Doctrina constitucional.* Tirant lo Blanch.

Hersh, M. A. (2002). Whistleblowers. Heroes or traitors? Individual and collective responsibility for ethical behaviour. *Annual Review in Control, 26*, 243-262.

Hurson, D. J. (2017). Sarbanes-Oxley, Dodd-Frank, Retaliation, and Reward: Representing Clients in the Age of the Whistleblower. *ABA Journal of Labor & Employment Law, 32*(3), 381-406.

Igartua Miró, M. T. (2020). Los canales de denuncia internos (whistleblowing) como mecanismo de tutela frente al acoso laboral. *Revista de Trabajo y Seguridad Social, CEF, 447.*

López Baelo, R. (2018). Whistleblowing y relaciones laborales: informantes, garantías y mecanismos de denuncia. *FORELAB*, 1-21.

López Rubia, E. (2020). Los protocolos de acoso sexual y acoso por razón de sexo. En S. I. Pedrosa Alquézar, E. Sierra Hernáiz, & R. Vallejo Dacosta (Eds.), *Diseño e implementación de planes de igualdad en las empresas: cuestiones claves* (pp. 579-608). Aranzadi Thomson Reuters.

Lousada Arochena, J. F. (2019). Sistemas de denuncias internas (Whistleblowing) y derechos fundamentales en el trabajo. *Trabajo y Derecho, 52*, 1-18.

Lozano Cutanda, B. (2020). La directiva de protección del denunciante. *Diario La Ley, 9550.*

Martínez Saldaña, D., Abril Martínez, J., Rodríguez Celada, E., & Reyes Rico, L. I. (2019). La protección del whistleblower tras la Directiva (UE) 2019/1937. Análisis del nuevo marco jurídico desde la perspectiva del derecho laboral, público, penal y de protección de datos. *Actualidad Jurídica Uría Menéndez, 53*, 24-68. https://forodelabos.blogspot.com/2019/10/whistle-

Mercadé Piqueras, C. (2019, octubre 25). El canal de denuncias internas (Whistleblowing): La perspectiva laboral, investigación, garantías y deber de protección datos. *XX Congreso Nacional de ASNALA.*

Miceli, M. P., & Near, J. P. (1985). Organizational Dissidence: The Case of Whistle-Blowing. *Journal of Business Ethics, 4*(1).

Moreno Solana, A. (2023a). Los Protocolos de Acoso (Sexual, por Razón de Sexo, LGTBI, Acoso Moral): ¿Son una obligación legal de todas las Empresas? *El Foro de Labos.*

Moreno Solana, A. (2023b, junio 29). *El Estatuto del Becario: una aproximación al Acuerdo entre el Ministerio de Trabajo y Economía Social y la Representación Sindical (CCOO y UGT).* El Foro de Labos.

Nader, R., Petkas, P. J., & Blackwell, K. (1972). *Whistle Blowing: The Report of the Conference on Professional Responsibility.* Grossman Publishers.

Nieto Rojas, P. (2019, octubre 17). *Whistleblowers. Aspectos laborales de la Directiva relativa a la protección de las personas que informen sobre infracciones del Derecho de la UE.* El Foro de Labos.

Nieto Rojas, P. (2023). El complicado entramado normativo de planes de igualdad y protocolos en las empresas. Algunas reflexiones sobre protocolos anti-acoso y de gestión de la diversidad. *Labos. Revista de Derecho del Trabajo y Protección Social, 4*(Número Extraordinario. Tormenta de Reformas), 122-142. https://doi.org/10.20318/labos.2023.7934

Nogueira Guastavino, M. (2022). La protección "refleja" de la garantía de indemnidad. *Revista de Jurisprudencia Laboral, 1*, 1-9.

Pérez Canet, A., & Guamán Hernández, A. (2014). La libertad de información y la "denuncia interna": ¿es la Whistleblowing un instrumento posible y deseable en nuestro modelo de relaciones laborales. *XXIV Congreso Nacional de Derecho del Trabajo y de la Seguridad Social.*

Pérez Triviño, J. L. (2018). Whistleblowing. En *Eunomía. Revista en Cultura de la Legalidad* (Número 14, pp. 285-298). https://doi.org/10.20318/eunomia.2018.4170

Perinaud, C. (2015). *Europe and "Whistleblowers": still a bumpy road….* free-group.eu. https://free-group.eu/2015/05/21/europe-and-whistleblowers-still-a-bumpy-road/

Piqueras García, J. (2023). La garantía de indemnidad a la luz de la Ley 2/2023, reguladora de la protección de las personas que informen sobre infracciones normativas y de lucha contra la corrupción. *Lex Social: Revista de Derechos Sociales, 13*(2), 1-36. https://doi.org/10.46661/lexsocial.8530

Puyol Montero, J. (2017). *El funcionamiento práctico del canal de compliance "whistleblowing".* Tirant lo Blanch.

Ragués i Vallés, R. (2013). *Whistleblowing. Una aproximación desde el derecho penal.* Marcial Pons.

Ragués i Vallés, R. (2014). El fomento de las denuncias como instrumento de política criminal contra la criminalidad corporativa. En Mir Puig, Corcoy Bidasolo, & Gómez Martín (Eds.), *Responsabilidad de la Empresa y Compliance* (p. 464). BdeF.

Ragués i Vallés, R. (2020). El tratamiento jurídico de los denunciantes antes y después de la Directiva. *La Ley compliance penal, 1.*

Rodríguez-Piñero y Bravo-Ferrer, M., & Del Rey Guanter, S. (2023). Whistleblowing y contrato de trabajo: la trascendencia laboral de la Ley 2/2023, reguladora de la protección de las personas que informen sobre infracciones y delitos. *Revista Española de Derecho del Trabajo, 264*, 131-196.

Rojas Rivero, G. P. (2020). La STC 146/2019, de 25 de noviembre: la libertad de expresión en el marco laboral en conexión con la protección del denunciante de la Directiva 2019/1937. *Revista de Derecho Social, 89*, 151-166. https://app.vlex.com/javascripts/pdfjs/web/viewer.html?file=ht…6202688?stc_146_2019_25_846202688&#locale=es-ES&pagemode=none

Rojo Torrecilla, E. (2019, diciembre 23). *La protección del derecho constitucional a la libertad de expresión en el ámbito de las relaciones de trabajo. Notas a la sentencia del TC núm. 146/2019 de 25 de noviembre.* El blog de Eduardo Rojo. El nuevo y cambiante mundo del trabajo. Una mirada abierta y crítica a las realidades laborales. http://www.eduardorojotorrecilla.es/

Sáez Hidalgo, I. (2023). El ámbito objetivo de aplicación de la Ley 2/2023: ¿Qué comunicaciones pueden amparar el derecho a protección frente a las represalias? *Diario La Ley, 10274.*

Sáez Lara, C. (2020). *La protección de denunciantes: propuesta de regulación para España tras la Directiva Whistleblowing.* Tirant lo Blanch.

Todolí Signes, A. (2020). La garantía de indemnidad ante denuncias en la Inspección de Trabajo y Seguridad Social e internas en la empresa: análisis de un quiero y (a veces) no puedo en la doctrina judicial. *Revista de Trabajo y Seguridad Social. CEF, 449-450,* 89-114.

Torrent i Santamaria, J. M., & Pérez Gil de Gómez, L. (2020). Análisis de la Directiva Europea de whistleblowing y principales retos de la nueva regulación. El caso de España. *Derecho PUCP, 85.*

Vidal López, P. (2019). ¿Es realmente necesaria una Directiva europea de protección del "Whistleblower"? *Actualidad Jurídica Aranzadi, 956.*